高职院校毕业生的顶岗实习管理研究

阳桂兰　陈小芳　著

中国纺织出版社有限公司

内 容 提 要

顶岗实习作为我国高等职业教育培养学生职业素质、职业操守、专业技能与创新精神的主要方式，对于学校培养具有新时代精神的应用型复合人才有重要战略意义。本书深入研究现代高等职业教育院校毕业生的顶岗实习问题，分别介绍了高等职业教育院校顶岗实习的教学研究，顶岗实习的角色适应性研究，顶岗实习期间的思想政治教育工作，职业道德的培养，报酬管理，权益保障机制及顶岗实习的质量管理。本书可作为高等职业教育院校各专业师生关于顶岗实习问题学习与研究的参考用书。

图书在版编目（CIP）数据

高职院校毕业生的顶岗实习管理研究 / 阳桂兰，陈小芳著 . -- 北京：中国纺织出版社有限公司，2022.6
ISBN 978-7-5180-9571-1

Ⅰ.①高… Ⅱ.①阳…②陈… Ⅲ.①高等职业教育－教育实习－教学管理－研究 Ⅳ.① G718.5

中国版本图书馆 CIP 数据核字（2022）第 092372 号

策划编辑：史 岩　　责任编辑：段子君
责任校对：江思飞　　责任印制：储志伟

中国纺织出版社有限公司出版发行
地址：北京市朝阳区百子湾东里 A407 号楼　邮政编码：100124
销售电话：010—67004422　传真：010—87155801
http://www.c-textilep.com
中国纺织出版社天猫旗舰店
官方微博 http://www.weibo.com/2119887771
三河市宏盛印务有限公司印刷　各地新华书店经销
2022 年 6 月第 1 版第 1 次印刷
开本：710×1000　1/16　印张：12.5
字数：215 千字　定价：88.00 元

凡购本书，如有缺页、倒页、脱页，由本社图书营销中心调换

前　言

　　教育部有关进一步学习贯彻《国家高等职业教育改革实施方案》(2019)的通知中有关高等职业教育的总体目标指明："培养德技并修、有社会责任感、创新意识和实践能力的人。"首先，顶岗实习作为我国高等职业高校（简称高职院校）培养学生职业素质、职业操守与专业技能的主要步骤，致力于最先使高职生认识本专业的岗位规定、管理制度，了解现实环境，为尽早满足岗位需求、提高入职机会奠定基础。其次，顶岗实习可以增强学生的技术能力，同时生产活动也有助于学生更好地掌握专业理论课堂内容，正符合杜威（Dewey，J.）所讲的"做中教、做中学"的实用主义教育思想。最后，近几年来的政府工作报告与《国家高等职业教育改革实施方案》(2019)中都提及工匠精神的培养与发扬。作为一类职业操守，工匠精神同样需要经过顶岗实习在真实的生产环节中培养。经过师傅的言传身教，工匠精神伴随实践活动渐渐内化，最后经过产品完成呈现。顶岗实习的任务不仅如此，还包含服务学生的全方位发展和创业能力提高等。

　　利文斯顿（Livingstone，D.W.）指出，如今的年轻人对"知识经济"的紧迫与规定没有做好准备，该观点通常被表述为学生的入职能力差别，若是没有适应工作场所的能力和知识，如今的教育模式将无法给学生提供良好的就业服务。顶岗实习的目的之一，是通过在真实环境中的感受，了解将来所要从事岗位的状况，得到实习经验，这些经验对将来的工作、生活会有所帮助。

  现阶段，我国高等职业高校学生（简称高职生）实习，具有环境融入、"放羊式"管理、公司积极主动性不高以及教育主管机构监察监管流于形式等几个大方面的问题。从总体上来看，首先学生融入岗位环境比较慢，将近一半的高职生需要一至两个月才能适应岗位规定；其次，由于实习岗位分散在各个地区，个别实习岗位甚至在省外，造成管理人员需求量大，同时由于缺少充足的教师与资金，担任实习管理教师的班主任难以做到长时间驻守在公司，造成"放羊式"管理问题频出；再次，一些公司由于生产效益、成本、安全等方面原因，不愿意接受实习生；最后，有的上一级教育主管机构仅检查纸质材料有没有达到要求，监管流于形式。以上问题，不仅会降低高等职业教育人才培养质量，而且不利于高等职业教育校企合作、工学结合办学模式的发展。由此，需要予以重视，提高顶岗实习的学习实效。

阳桂兰 陈小芳

2022 年 3 月

目　录

第一章　高职院校毕业生顶岗实习的概述 …………………… 1

　　一、顶岗实习概述 ……………………………………………… 1
　　二、高职院校毕业生顶岗实习的作用 ………………………… 5
　　三、国内外高职院校毕业生顶岗实习的研究 ………………… 8

第二章　高职院校毕业生顶岗实习的教学研究 ……………… 17

　　一、高职院校毕业生顶岗实习教学研究的理论基础 ………… 17
　　二、高职院校毕业生顶岗实习中普遍存在的问题 …………… 19
　　三、高职院校毕业生顶岗实习普遍存在问题的原因剖析 …… 25
　　四、高职院校毕业生顶岗实习普遍存在问题的对策及建议 … 29

第三章　高职院校毕业生顶岗实习角色适应分析 …………… 37

　　一、角色适应概述 ……………………………………………… 39
　　二、高职院校毕业生顶岗实习角色适应存在的问题 ………… 44
　　三、高职院校毕业生顶岗实习角色适应的动态环节 ………… 46
　　四、高职院校毕业生顶岗实习角色适应的对策建议 ………… 51

第四章　高职院校毕业生顶岗实习期间的思想政治教育工作 … 59

　　一、高职院校毕业生顶岗实习期间的思想政治教育概述 …… 59
　　二、高职院校毕业生顶岗实习期间的思想政治教育工作
　　　　现状 …………………………………………………………… 66
　　三、高职院校毕业生顶岗实习期间思想政治教育工作改
　　　　进的对策 ……………………………………………………… 72

第五章 高职院校顶岗实习学生职业道德的培养 …… 79

一、高职院校顶岗实习学生职业道德的定义 …… 80

二、高职院校顶岗实习学生职业道德培养的理论基础 …… 82

三、高职院校顶岗实习学生职业道德培养存在的不足 …… 85

四、高职院校顶岗实习学生职业道德存在不足的原因 …… 87

五、高职院校顶岗实习学生职业道德培养的对策 …… 90

第六章 高职院校毕业生顶岗实习的报酬管理 …… 99

一、高职院校毕业生顶岗实习的报酬 …… 99

二、高职院校毕业生顶岗实习报酬管理的现状 …… 100

三、保障高职院校毕业生顶岗实习期间得到实习报酬的对策 …… 108

第七章 高职院校毕业生顶岗实习的权益保障机制 …… 118

一、高职院校毕业生顶岗实习的权益 …… 118

二、高职院校毕业生顶岗实习权益保护的现状 …… 125

三、高职院校毕业生顶岗实习权益保障机制存在的不足及原因 …… 129

四、发达国家职业教育顶岗实习政策保障的做法及经验 …… 138

五、高职院校毕业生顶岗实习保障机制的改进对策 …… 143

第八章 高职院校毕业生顶岗实习的质量管理 …… 153

一、高职院校毕业生顶岗实习管理 …… 153

二、高职院校毕业生顶岗实习质量管理的基本理论研究 …… 155

三、高职院校毕业生顶岗实习质量管理的现状 …… 161

四、基于 PDCA 循环的高职院校毕业生顶岗实习质量管理体系设计 …… 168

参考文献 …… 185

第一章　高职院校毕业生顶岗实习的概述

一、顶岗实习概述

（一）顶岗实习的由来

1.受职业教育中顶岗实习的启迪

"顶岗实习"一词源自职业教育行业。20世纪80年代，我国效仿和引入了德国的双轨制学徒训练方式，[1] 即企业与院校一同完成人才的培养，采用工学结合、校企合作的人才培养模式。借助多次的实践活动和不断进步，顶岗实习在职业教育的发展壮大中取得了广泛的认同和运用。职业教育行业中，主张做学合一、理论与实习并行处理，这是得到黄炎培职业教育思想的启迪。在那时的职业教育中，存在着"青年毕业于院校、实业于社会"的状况，学生学习到的知识不可以为其所用，院校所教授的知识不是学生想要追寻的。黄炎培针对这一问题，在《职业教育实施之希望》一文中指出："于功课切不可重理论而轻实习，于训练万不可长惰性而废劳务。"那时职业界人才供给和需求严重失调，形成"求事者纷纷，合格者绝少"的矛盾状况。

2.实践活动取向教育思想的推进

院校顶岗实习的发展在相对应能力上归功于实践活动取向教育思想的

---

[1] 李博.国外高等职业教育对我国高等职业教育的启示[J].辽宁高职学报，2018，20（10）：39—41.

推进。陶行知对院校的教育实习十分重视，在剖析教育与中心院校的相互关系的前提下，系统地阐述了怎样完成教育的培育。陶行知指出"院校的功用就是培育教师"，因而培育出的人才应与普通中学有区别，具有本身独有之处。由此陶行知先生提出"教学做合一"和"生教育下乡"的教学观念。在教材内容上，他重视院校应当始终坚持从学生的现实考虑，保持"要什么，学习什么；学习什么，教哪些；教哪些，就拿哪些来训练教师"的基本原则。在教学方式上，他特别强调理论和现实密切结合的重要性，提出"教学做合一"的观念。陶行知说："教的方式是要根据学的方式，学的方式则根据做的方式。例如农事是要在田地中做的，由此就务必在田地里完成学习，也务必在田地里教授。"因而，要置身实践活动的培育，才可以真正提高实践能力。顶岗实习也因此可以提高学生的入职能力和整合能力，提早适应工作岗位。这便是理论和现实相一致的结果。从某种程度上说，顶岗实习得力于实践活动取向教育思想的推进才可以发展。

3. 传统教育实习弊端的凸显

地方高校承担着为基本教育培育高质量教师团队的主要任务，教育实习是地区高校生培育的主要环节。自20世纪80年代至今，在我国高校采用的教育实习方式大多为"集中化实习"，即按同一个专业将学生集中化分成很多实习队，在高校各院老师的带领下一致完成教育实习。到了20世纪90年代，这段时期的教育实习已经形成制度，但并没有完全规定化。伴随着高等教育的大规模扩大招生，教育实习的缺陷日渐凸显，出现了较多问题。第一，教育实习时间较短，实习现实效果较弱。原国家教委对教育实习的日程安排为4~6周，现实学生用以实习的时间仅有四周半，第一周用以实习,最终半周完成实习总结,促使学生真正得到锻炼的时间大大缩短。由于实习时间较短,高校对实习欠缺认识,造成实习生没办法全方面掌握和完成实习内容,即使在实习中发现问题也没有时间处理改善,进而影响实习现实效果。第二,实习指导老师力量薄弱,使实习生在教育实习中孤立无援。第三,实习是高校自己的事情,在这样原始认识的诱导下,高校与本地教育行政部门和实习基地的联系与合作较少,将实习生的具体指导任务揽在自己高校带队教师的方面。而带队教师大多由年轻的助教或是高年级研究生出任,有的甚至是负责行政的主管人员,对实习生的具体指导效果并不理想。第四,实习基地的不足或不稳定,限定了教育实习的发展。根据所述实习中暴露的问题,高校陆续完成新的现实探索和实习改革,"顶岗实习"应时而生。

(二)顶岗实习的内涵

中华人民共和国教育部、中华人民共和国财政部发布的《职业高校学生实习管理规定》将职业高校学生实习分成三类:认识实习、跟岗实习与顶岗实习。实习与顶岗实习事实上是上位与下位的关系。相较于前两类实习形式,顶岗实习的特点取决于学生具有相对应的岗位实践能力,可以相对性单独地参加现实工作,对于学生素养、能力的要求更为严苛。

有关顶岗实习,《职业高校学生实习管理规定》同样给出了确定性表述:"顶岗实习就是指初步具有现实岗位单独工作实力的学生,到相对应实习岗位,相对性单独参加现实工作的活动。"

国外并没有"顶岗实习"这一概念,大多数情况下这一概念指的是实习、合作教育或是学徒制。泰勒(Taylor·S.M.)将实习界定为:"学生在从学术课堂毕业前得到的结构性、与职业有关的工作经历。"

（三）顶岗实习的特征

顶岗实习是近些年来崛起的培育应用型、整合性人才的革新人才培育方式，其最大的特征便是促进学生的入职，持续不断加强教学方式革新，提升高职院校专业性人才的专业技术能力。通过顶岗实习，让学生提早到公司工厂接触自己将来所在的现实环境，可以更好地实现理论和现实的融合，提升教育的实用性和有效性，对促使高职院校学生整合能力的提升有重要作用。

（四）顶岗实习的重要性

顶岗实习可以合理有效协助学生提升学习能力。唯有学生学习能力的提升，才可以更好地掌握公司的工作环节，让学生得到公司的高度重视，也让学生在公司中得到越来越多的经验和能力。这样的学习能力对学生是十分有帮助的。由此可见，通过顶岗实习，学生的学习能力可以得到很大地提升。

在顶岗实习中，学生的能力也很重要。假如学生的能力不强，就没办法完成公司交给他们的任务，给公司工作的开展造成影响。分配给学生的日常任务，学生连实现的能力都没有，公司也不能给学生提供帮助，因而，应当培育学生实现现场工作的能力。在现场工作中，学生可以提升自己的能力，有效地完成日常任务，不但可以让学生得到公司认可，还可以让学生将在校园里学到的知识运用到公司的各项事务中，这对公司和学生来讲意义重大。由此可见，学生的能力针对于其在岗位操作中的表现也是十分重要的。

学生的沟通协调能力在学生的日常生活和工作中十分重要。如今学生的沟通协调能力并不是很强，影响了学生工作和学习的效果。因而，有必要提升学生的沟通协调能力。在职实习可以提升学生的沟通协调能力，让学生在工作中可以有效地沟通交流，通过沟通交流处理工作上遇见的一些问题，提升他们的学习能力。

二、高职院校毕业生顶岗实习的作用

（一）高职教育

高等职业教育院校具体种类有普通大专、成人大专、技工高校、高等高校附属高职部等几个种类。随着我国职业教育改革的发展，教育资源配置的不断深入，这三种类型高校的模式慢慢趋同，培养计划逐渐同步，他们相互之间的差异也渐渐减少，现如今统称为"高等职业高校"。

高职教育身为职业教育中最大层面的教育，界定高职教育，就一定先对职业教育有清晰地了解。职业教育，在早期是由蔡元培、黄炎培等人组成中华职业教育社并完全采用这一称呼。而有关职业教育，研究人员看法不一。顾明远、梁忠义指出，职业教育就是指为了更好地使受教育者得到职业所应具备的基础知识、专业能力和职业素质。

黄炎培指出，职业教育是根据教育训练，让个人根据自己的个性得到谋生手段和乐趣。郭齐家将职业教育界定为学生从事专业某类职业或劳动所需的知识和专业技能的教育训练。李益生强调，职业教育是根据职业所应当完成的教育训练，囊括入职准备、在职提升和更换职业所需要的教育训练。高奇从广义和狭义两个层面对职业教育予以归纳，就广义层面而言，以市场所需为依据，从个人偏好出发，培育相关职业能力；就狭义层面而言，因材施教，培育学习者就业所应当的相关素养。

高职教育，作为我国所独有的类别教育训练，有关高职教育观念的判定学界也存有不一样的看法。吕鑫祥根据资历或非资历教育培育出社会所需要的高质量毕业生这一个教育模式称之为高职教育。杨金土、孟广平、严雪怡等指出，使学习者得到生产制造、管控和专业技能的技术教育训练便是高职教育。石伟平指出，高职教育是学生借助学习和现实操作获取入职所必需的理论知识和专业技能，进而带来社会经济发展亟待需要的高质量人才。杨近、姚启和指出，高职教育是根据专业的课堂内容和现实操作专业训练，为社会培育高质量专业性人才。

针对高职教育，梁志、赵祥刚将高职教育界定为三个特点：高等性，指技术应用性、技术创新性和从事专业社会实践活动繁杂性上；技术性，指面对某一职业或范畴，以科学和专业基本知识为支撑的技术运用和技术造就；人文性，指高等教育务必坚持"教育训练本位"，培育身心和谐发展壮大的人。

（二）高职教育与顶岗实习

在职前培育中，一些地区性院校在开放的教师教育体系下十分容易忽略学生的实习阶段，对此要求不严格，流于形式，学生没法真真正正从中得到锻炼，结果培育出的毕业生难以胜任工作。而顶岗实习与普通教育实习相比较，实习时间较长，参加人数较多，实习地点比较分散，这就对院校的管控指出了更高的要求。对此高职高校确立了对顶岗实习的开放性管控，打破了固有的单方面管控实习的自我封闭情况，确立了以单位为主导、政府作支撑、多部门联动的鲜明特点，创建了由院校、各级教育训练行政部门、实习单位一同管控的制度，重视创建协作组织体制，确保顶岗实习制度的执行。

1. 提高社会专业入职率

近年来，我国人口老龄化加重，专业入职率广泛偏低。高职院校培育的学生大多数直接与社会公司企业对接,但也会有一些学生找不着工作,选择升学或留在家里。高职学生实习制度的实行,可以在一定程度上协助学生把握公司的招聘方法和规定,把握工作职责,最后协助大多数高职学生得到工作,提高社会总体专业入职率。

2. 提高学生的现实操作能力

尽管高职学生在学习和实践活动中以培育实践活动操作能力为主要教育目标,但受老师培育视角和学生接受能力等因素的影响,学生实践活动操作能力的提高十分受限。可是,在职实习的教学和训练方法可以让学生在短期内实习的环节中了解到比在高校学习到的越来越多的信息,进而全方位锻炼和提高学生的知识学习能力和实践能力。让学生在工作岗位上越来越多地掌握紧急状况的应急处理方式和应对常见问题的工作能力。

3. 为社会带来越来越多的高科技优秀人才

尽管我国的技术工人在工作岗位上发挥着自身的作用,并不断进行深入探索。但从长远看来,我国技术工人数量储备还远远不够,目前能持续工作的工人数量较少,员工持续工作的时间较短。这些都影响了"大国工匠"精神在我国的传承和继承。可是,如果高职院校与企业合作,让学生到企业实习,就可以使用更多的资源,培育出越来越多的高质量技术人才,进一步提高高职学生的素养,为社会输出越来越多的高质量人才。

4. 提高职业院校学生入职竞争力

大多数高职院校学生将面对资历限定。与普通本科院校学生相比较,高职院校学生将面对越来越多的工作限定,也将面对各种不同的入职问题。高职院校的学生尽管具有较高的实践能力,但在实际工作中的表现却不是那么出众。因而，高职院校应当与企业联合，让高职院校的学生有越来越多的实习和入职机会。在企业中实习，不仅可以让学生具有更强的竞争力，得到行业主流企业的认同，还可以提高学生的入职竞争力。

5. 减轻公司企业招工压力

公司应利用与高职院校合作完成顶岗实习，让实习生补充公司缺口，减少缺口造成的亏损。在一定程度上可以缓解公司招人难，为公司的持续经营带来人才支持。

三、国内外高职院校毕业生顶岗实习的研究

（一）顶岗实习的现状及问题

为分析近几年高职生顶岗实习的研究现状，研究人员在中国知网中以"高职生""顶岗实习"为主要热词搜索近十年来的文献资料，共检索到文献资料1388条，其中期刊杂志1158篇，硕士论文179篇，博士论文7篇。以时间维度对数据进行分类，可以发觉近几年有关高职高校顶岗实习研究前五年呈持续上升发展趋势，于2014年实现巅峰以后有相对应的下降，但仍维持相对应的热度。从时间节点看来，学术界对顶岗实习研究的高峰与国家公布核心的职业教育有关规定时间相重叠，表明两者间存在相关性。例如，2012年教育部公布的《职业高校学生顶岗实习管理规定（试行）（征求意见稿）》，2014年国务院发布的《有关加快当代职业教育的决定》，以及2021年教育部《职业学校学生实习管理规定》的正式公布。[1] 当今有关顶岗实习的研究主题较多地集中于校企合作办学、高职学生、人才培养模式、工学结合等。

---

[1] 吴苗苗，贺贵川. 中职学生顶岗实习的心理状况调查及对策研究——以重庆市6所中高[J]. 科学咨询（科技·管理），2017.

1. 顶岗实习状况研究概述

相对于一些高职生经常转岗、离岗的状况，王理香强调顶岗实习是高等职业高校工学结合、实践教学的主要步骤，是培育学生职业素质、职业能力的核心。根据对参加过顶岗实习的学生与企业调查发现，绝大多数的学生在专业对口率、稳定性以及公司的前途等方面令人满意，认同顶岗实习相对于理论、技术能力等方面的提高。相对于接受学生实习的公司企业调查发现，公司方相对于学生实习基本上持认可态度，觉得参加校企合作办学有益于公司的总体发展。在认可学生的实习现实效果的同时，公司方觉得参加顶岗实习的高职生方面存有欠缺清晰的职业发展规划、急于求成、上进心不强、知识面偏窄的问题。

为认识我国职业院校顶岗实习的基本情况与存在的不足，邓东京、易素红等人以来自全国 18 个省份的中、高职高校 2014 届参加过顶岗实习的毕业生作为调研样本，做了线上统计调查。数据显示：

①学生顶岗实习任务实现率较低；

②完全依照实习计划实习的占比较低；

③由高校分配实习岗位占 44.7%；

④近三成的学生实习与专业没有关联性或不对口，近两成学生的实习为"打工赚钱"；

⑤高校辅导教师能亲临现场辅导的不足 35%；

⑥学生经常性更改实习岗位；

⑦学生实习期内的住宿、餐饮、交通以学生自行安排为主；

⑧13% 的实习岗位未给实习生提供工资；

⑨学生顶岗实习的安全性、权益尚需提高；

⑩学生对所经历实习的满意率为 66.5%。

运用高职生顶岗实习的调研数据信息，为掌握样例高校计算机与数控专业学生实践的现况，并探究高职生实践效果的影响因素。何婧、易红梅等根据对河南省参加过顶岗实习的一、二年级计算机与数控专业的 13795 名高职生调研发现，有 41% 的样例学生（5694 名）在过去的一年参加过或早已参加实践，从技术专业来看学生实践安排区别并不大。从参加实践的学生第一次参加实践的时间看来，高职一年级学生中 68% 表明第一次参加时间在第一学期，32% 的学生在第二学期参加实践。高职二年级学生参加实践的时间为第一学期的，人数占比例为 25%，第二学期人数占比为 27.4%，第三学期人数占比为 36%。数据表明很多高校在学生刚入校时就被安排参加顶岗实习，其学习效果有待于认证。从学生的工作经历看来，大多数学生的实习岗位是由高校强烈推荐，实习岗位地点以外省的大中型公司企业为主。除此之外，在高职生的实践权益保障层面，很多高校、企业没有严格执行《职业学校学生实习管理规定》中的有关三方协议、实习工资、实践时间等有关规定。

针对新冠肺炎疫情期内职业高校完成顶岗实习工作碰到问题的独特性，刘晓、黄金根据线上问卷与数据统计剖析的方式，对新冠肺炎疫情期内的中、高职院校顶岗实习现况研究得到下列结果：新冠肺炎疫情期内，中、高职院校的实践参与性差别显著，高职院校的参与性远远高于高职院校；实践性质形成更改，如工作时间相对较长；受实习单位类别影响，装备制造业类学生的数量远远高于其他技术专业的学生；从实习岗位与技术专业的配对性看来，存在技术专业差别；参加实习的学生中 70.79% 与实习单位早已签订协议或是有签订协议的意向。总体来看，受新冠疫肺炎情影响，到 2020 年，中、高职院校顶岗实习工作在实践资源、对接工作、技术专业配对等层面与以往对比存有差别。校企两方在实践安全防护层面的工作比较及时，但仍应当确立现实的责任划分。从职业高校的学生未参加实践的因素来看，主观性的不愿意是主要因素。自主选取实习单位的学生，实习岗位的选取大多数由个人爱好或其家庭决定，与技术专业大多数不配对，表明没有认识到顶岗实习在职业教育中的必要性。

2. 顶岗实习问题研究概述

受有关政策法规欠缺、实习生法律身分模糊不清、实践管理职责不确立、实践责任保险体制不健全等因素影响，致使职业高校学生实践环节中形成的问题无法处理。现实包含：实习生到底是学生还是劳动者，身分的不一样直接影响到归责的明确、法律的适用等一系列问题；实习生实践期内的工资问题；实习生能不能享有工伤保险的问题；实习生工作环节中损害他人权利的问题。

2013年多家新闻媒体接收到湖南铁道职业技术学院某些学生检举，称学院把这些人跨地区分派到广东公司的自动生产线进行与技术专业毫不相关的顶岗实习。在加工厂，这些人超时工作，甚至是彻夜工作，质疑被当作"廉价劳动力"。《新华每日电讯》对这一事件提出了质疑，院校是不是从这当中牟取了暴利？校方在认同公司会依据"捐资助学"方式向院校支付费用，以后该院校又否定扣除过这一笔费用。依据报道可知，某些高职院校尚未充分发挥顶岗实习的作用，对于毕业生的实习应付了事。与此同时，实习的环节并没有分配相对应的监管教师随行，促使超时上班问题凸显，影响了学生的身体健康。显现出当今顶岗实习欠缺健全的管控与合理有效的管理机制等问题。

对于实习生对顶岗实习的认识不足，致使片面强调物质待遇、怠工、欠缺主动性、融入实习环境慢等问题。石月皎、覃庆芳等指明对参加顶岗实习的学生完成科学安排，规范组织，完成真真正正意义上的毕业与入职零距离是提升顶岗实习效果的主要内容。在认可实习作用的同时，指明如今顶岗实习学生存在思想意识不足、适应力差、实习岗位与专业不一致、高职院校疏于管控、师资队伍不足致使师生交流障碍与公司配合力度不足等问题。

职业技术高校追寻校企合作办学环节中，院校由于处在卖方市场的弱势位置致使应当迁就企业的状况。林丽指明校企合作模式是满足职业教育人才培养模式的有效途径，是完成提升人才素质的主要方式。由于校企合作办学的双方在权益、观念与体系建设的不一致，致使合作相对困难，这些困难包含由于高职院校出自追寻校企合作办学的业绩，在还没充分了解企业的资格、观念等状况下就匆忙与对方签订合作协议，存在一定的片面性；有一些高职院校在校企合作办学环节中，过度关心企业的管理规定、用工规范，而忽略了院校的课堂配置、人才的培养规定，致使校方在校企合作办学中处于被动状况；也有在校企合作办学的环节中，院校是主动的一方，企业是提出规定的一方，形成了企业是买方市场的优势地位。企业通常依据自己的权益向院校指明各种规定，高职院校为了更好地满足校企合作的办学计划，通常迫不得已迁就企业而在课堂配置、教学工作计划等方面出现"缩水"状况，迫使校企合作办学的现实效果大打折扣。

由于职业高校实践教学还处在探究环节，存在物质不完备、课堂内容组织不规范等问题。张国红、朱孝平根据对浙江省某地级市15所省级以上重点职业高校进行了长达3年的调研后指明，专业实践课已经成为高等职业教育的主流课程。在职业技术、技能培养方面成效显著，不论是教育组织或是职业高校都是在寻找实践教学的创新发展。调研数据显示职业高校存在的不足包含：①条件方面的不完备；②教师人员配备、实习场地建设与教育资源设计等问题；③实践课堂内容的组织不完备。有管控的教师，没有管控的规章制度；教师们在实现课堂教学时更多的是惯性操控，未能将实践教学的方式方法升高到理论方面；实践教学环节中，一些教师存在浮躁心理与结果主义思想，没能掌握好"尺度"，存有忽略学生的学习自觉性、教学方式简化、课堂内容太多、分解较细等问题。

（二）顶岗实习管理方案

专门针对顶岗实习中常会形成"放羊式"管控的问题，李宁根据广西机电职业学院的成功案例明确提出，健全学生顶岗实习管控应当确立切实可行的管理模式。具体措施包括：将 ISO 9000 质量管理体系引入顶岗实习管控中，在结构内部构建一整套适用主导作用企业安全生产的三级文件管理模式（由一个一级文件，五个二级管理文件，十一个三级顶岗实习记录文件组成）。❶ 由于顶岗实习地点分散化，在管控环节难免形成"放羊"的状况，因而校方确立教学管理、企业经营管理、教学管理三级组织和管理方案。校方确立顶岗实习领导小组一致管控和融洽学生实习工作，与此同时，教务部、各院、专业教师分管职责分工、分管各类实习管理方面工作。企业方在实习指导教师协同管控下组织安排顶岗实习。高校辅导员、带队实习老师、家长与学生自我管理密切结合，共同发挥作用。确立公司企业、高校、个人评价的三方评价体系，共同致力于评价环节的实行，确保评价的科学性。

---

❶ 李宁.高职院校顶岗实习管理体系的构建与创新——以广西机电职业学院为[J].中国成人教育,2010.

由于参加校企合作办学的企业具有分散化的特点，高校对顶岗实习的管控存在难度比较大的问题。对此曾海娟、张学军提议运用微信 App 的便利性可以免于空间因素的影响等优势，根据微信公众平台确立"一体四化"的管理机制。正所谓一体就是指运用微信 App 可以推送语音、图片、视频和文字等功能确立一个顶岗实习平台，学生根据微信公众平台查看就可以登录该平台。与此同时，将管理员权限分成学生端和教师端，教师根据计算机、手机即可进行操作。

针对现阶段暂未有现实的规定确立顶岗实习的管控行为主体，实习管控流程中责任划分不清楚而形成管理混乱的问题，张进林、时艳红等明确提出现阶段在我国校企合作办学中，不论是高校方作为管控行为主体还是企业作为管控行为主体均存在相对弊病的情形下，创建"双行为主体"顶岗实习管理机制。换言之，"双行为主体"就是指在校企合作办学流程中，高校与企业都是责任主体，位置一致，权力一致，责任也一致。具体办法包含实习早期双方一同努力做好岗位训练；实习中后期，双方一同制订实习规则、加强实习流程监管、推动学生的整合能力；确保实习方面，高校与公司共创协同监督机构、一同培养双师型师资、共创实习基地等。

（三）顶岗实习政策剖析

为掌握在我国职业高校学生实习现行政策演化的特性，高亚春、付少军根据融合职业高校学生实习政策研究中发现，近年来，我国对高等职业教育的关注能力不断提升，政府和地方也持续颁布一系列政策法规，正确引导和支撑高等职业教育。国家方面现行政策演化的一个特性是重视学生基本利益的确保。例如，2006 年教育部、财政部发布了有关企业支付学生实习工资的现行政策通告，规定业企与高职院校签署每三年一次的合作合同，企业支付实习期内的学生报酬时，可带来所得税的减免。在学生实习保险方面，中华人民共和国教育部等部门发布了《高职院校学生实习责任保险实施方案》，填充了学生在实习期内参与保险的责任参与，确保生命安全和学生的利益。

全国各地的现行政策演进主要有对接受高职学生实习的公司作出现实规定，规定在职实习的限期，以确保学生的利益。例如，山东省2005年发布的《中共山东省、山东省人民政府有有关大力发展高等职业教育的决定》明确提出，企业在实行校企合作办学计划方案时，对科学合理支出给予相对应的税收优惠政策。2013年，重庆市教委在《有关加强高职院校学生实习管控的意见》中规定，"尚未安全教育训练的实习学生不可上岗工作，学生实习期间每天工作不超过8小时，正常情况下不安排上夜班。"

专门针对我国现有财政激励政策力度不足、方式过度单一等问题。在分析原本的财税制度鼓励方式与国外财税激励政策后，罗音汇总出下列结论："在我国相对于公司的财税政策优惠鼓励力度不足，现行政策过度分散化、实施欠缺合理有效办法，欠缺校企合作办学的财政税收激励政策，最后展现为'现行政策分散化，不益于实施'的状态。"

实习作为职业高校最重要的实践活动方式，受到政府的重视。教育部等多部门随即于2007年和2016年下发了有关职业高校学生实习管控的政策规定。

另外，2002年高等职业教育逐渐扩大招生，学生人数的增多有效解决了劳动力缺乏问题。而高等职业教育由于与原主管单位脱钩，导致学生到企业实习这一课堂实践活动内容无法实现。恰逢"工学结合，半工半读"的教育实践活动教学，有效解决了企业招人难与学生实习难的两个难题，受到了社会的欢迎。为保证学生权益、规定公司企业与高校的管理，中华人民共和国教育部协同财政部于 2007 年发布了《高等职业高校学生实习管理办法》。

第二章 高职院校毕业生顶岗实习的教学研究

一、高职院校毕业生顶岗实习教学研究的理论基础

（一）教育与生产劳动相结合的理论

凯兴斯泰纳被称作德国"职业教育之父"，是德国知名的教育学家。凯兴斯泰纳倡导的劳作教育理论确立了德国职业教育的基础。凯兴斯泰纳把劳作身为职业高校办校的基本观念和培养人才的方式。他的劳作教育理论的核心内容是培育学生的勤于思考、动手操作的能力，可以提升学生工作的主动性。与此同时，在劳作活动中，指出学生应当有自己的思想和看法，并应用以现实的实践活动中，如此一来才可以切身感受到实践的感受，使学生本身具有较强的社会适应力。凯兴斯泰纳的劳作教育理论对在我国职业教育的启示在于，在我国中职高校学生参加顶岗实习的实质便是一类劳动训练，如此一来的职业教育实践活动模式和凯辛斯泰纳的劳动教育思想类似。我们可以吸收凯兴斯泰纳的思想精华，具体指导中职教育顶岗实习的变革与自主创新。

（二）人力资本理论

人力资源是一类怎样对待管控活动内容中人的哲学思想，该理论主要是指出应当把人的追求和兴趣爱好放到首位，用各类方法调整人的主动

性；要重视对职工心理状态、行为的讨论，满足职工的合理要求，重视人、关注人；重视人才培养和聚集，为企业持续不断地引入新鲜力量。人力资源思想形成于西方20世纪30年代，在20世纪60~70年代应于企业管理，西方人本哲学思想为人力资源带来了思想方法和理论基本，马斯洛的需求层次理论便是以人本主义哲学思想为基础，他的"自我价值人"的假设是人类管控史上有着非常重要位置的管控人性观。阿里吉斯在这一思想的基础上明确提出了"不成熟—成熟"基本理论，他指明选用参加式的、以职工为中心的领导方式，既可以降低职工依赖和服从的感受，又可以帮助个人实现自我价值，与此同时又有利于满足组织总体目标。实行人力资源有很多具体方法，可以依据现实情况和将来的发展能力来挑选，主要是有以下四种：第一，参加式管控，在这样的方法下，领导干部会邀请组员参加计划的制定与讨论，并与组员就计划的可行性完成充分的沟通交流。参加式管理的本质是一类双边沟通交流，不仅限于各类通知和信息的传递，事实上是一类以心交谈或是共享思想的看法。第二，鼓励管控，人力资源便是要想方设法地调整激发潜能，最大限度地调整人的主动性，原来管控中常见的是钱财及惩罚的管理方法早已不适合用作现代化的管控。管理者可以根据总体目标鼓励、榜样鼓励、物质鼓励等方法调整人的主动性。第三，柔性管理，即对人的管控不但可以根据制度管束、惩罚等刚性管控，还可以根据启发、感化等方法完成柔性管理。第四，职业生涯管控，即管理者依据组织总体目标和职工的能力、兴趣爱好，与职工一同制定和实行个人成长和将来发展计划。

（三）"做学合一"基本理论

我国知名教育学家黄炎培指出，学生的实习是一项非常重要的课堂内容。他在《职业教育该怎么办》中指出，"职业教育旨在培养具体的、科学合理高效的生产效率，欲达这一目的理应手脑共用"，他明确提出"手脑共用""做学一体""基本理论与实际并行处理""基础知识与技能并重"，注重实践的重要性，理清教育培训与生产效率的相关性，倘若只注重课本的专业理论知识，而没有去现场参加工作任务，是知而没有办法行，没办法真知。❶ 黄炎培的"做学合一"思想重视做的重要性，做是学的中心，教与学的目的是做，重视理论和现实的一致。

二、高职院校毕业生顶岗实习中普遍存在的问题

（一）顶岗实习合作单位方面

1. 未充分发挥教育指导作用

从某种程度上而言，顶岗实习是校企合作育人的一类经营战略，高职院校寻找的是可以带来实践活动场所的公司，填补高校实训设备的不足和专业教师的紧缺，公司的快速发展亟待技术性技能人才作为后备力量。顶岗实习期内，高校和企业共同承担着学生的教学管理职责。可是，从调研状况看来，有些高校的实习单位在具体指导老师的配置上状况优良，可以为每一个学生配置实习指导老师，对该专业的所应掌握的专业技能给予专业训练，学生参与顶岗实习后的效果比较好，且学生对实习单位的评论也较高。部分高校和企业对高职学生的实践能力重视不足，没有依照专业的人才培养方案对学生完成实践活动，不论是具体实践指导老师的配置还是转岗实习上，都未充分发挥其管理主体的教育指导作用。

2. 公司支撑力度较低

在顶岗实习的历程中，公司是顶岗实习运作的基础，公司的支撑力度对顶岗实习的管理工作起着十分重要的作用，例如，是否可以减小实习学

---

❶ 郭岚. 南昌市中职生顶岗实习存在的问题及其对策研究[J]. 中国优秀硕士学位论文全文数据库，2011.

生的希望和现实的差别,❶ 对实习学生完成人性化服务,按时举办专业技能训练,提供优良的住宿环境等。从三所样本高校的调研状况来看,一所高校的中式烹制和幼儿教育两个专业的公司支撑力度比较大。另一所高校的机械专业的住宿环境较差,给学生的希望和现实差别比较大,实习稳定率较低。还有一所高校的会计电算化专业的学生没有分在专业对口的企业,在一年半的实习中没有得到任何的专业技能层面的学习,学生对于此事争议比较大。一些高校的实习单位尽管可以完成专业技能训练,可是没办法提供住宿,且实习补贴较少,无形当中增加了学生的额外开支。

3. 不能保障顶岗实习学生的合法权益

随着高等职业高校工学结合人才培养模式的逐步推进,顶岗实习得到家长、公司、高校和政府的特别关注。如今高职学生对参与顶岗实习的认同度较高,可是顶岗实习期内的薪资工资待遇、上班时间、安全保障等层面的权益存在院校和企业的差别,有一些权益被忽略、损害。根据对高校不同专业的学生完成权益保护层面的调研,在薪资待遇层面,实习生工资在1000~2000元的占比最大,还有一些专业小于1000元,在调研的十个专业中,中式烹制、酒店管理、建筑施工的实习补贴较高,幼儿教育、护理专业的实习补贴较少,但工作强度比较大。

(二)高职院校方面

1. 计划工作管理缺乏目的性

实习管控是教学管理方法中最繁杂的一类,需要院校和企业的两方参加,既要满足实践教学的规定,又要充分考虑实习单位的资格和后勤管理,影响因素多,覆盖面广。做好顶岗实习的计划工作管理,是确保实习工作顺利完成的前提条件。从调研院校的计划工作管理完成的状况来看,主要

---

❶ 张宝荣. 基于 PDCA 循环理论的顶岗实习质量管理研究 [J]. 中国优秀硕士学位论文全文数据库,2019.

存在两个层面的问题：第一，忽略顶岗实习目标的制定。从三所样本院校的统计结果可以看得出，学生对实习目标和任务、实习考核状况不太清楚。院校仅仅是将高校的管理制度做了宣传策划，未依照专业制定实习考试大纲，由于实习管理人员比较有限，实习手册每一年基本都是一致的格式内容，每一个专业学生在实习期内需求实现的实习目标不确定，实习公司依照哪种方法管控实习生并没有达成一致，一事一议的状况很多。表明三所院校在实习规划层面并不是与实习目标匹配的。第二，顶岗实习目的性不强。对于高职学生来讲，顶岗实习是步入职场的一次全新感受，"学生"和"员工"双重身份共存，怎样融入现实环境是学生遭遇的重大考验。全方位的岗前训练工作可以使学生从客观上正确认识实习的目标和意义，摆脱实习中遇上的各种各样疑惑与难点，更快融入实习单位的规定。

2. 组织工作管理实施不规定

顶岗实习期内的组织管理是根据实习计划执行的需求，遵循实习教学环节的规律性，创建实习管控的组织架构、充分运用人力资源、物力和财力的作用，完成实习任务。从所调研的院校的组织工作管理完成的状况看来，主要是存在两个层面的问题：第一，实习具体指导教师配置不科学。院校配置实习具体指导教师的数量因实习性质而异，校园内实习一般不配置具体指导教师，在校园外完成生产实践、顶岗实习和毕业实习时，具体指导教师和学生的占比依照1:30、1:15、1:8配置。从样本院校的调研结果来看，专业实习教师的配置状况并不可观：班主任由于本身教学工作和在校班级的管控，对实习生的管控会形成有心无力的状况。此外，在实习具体指导人员的满意度层面，对具体指导能力、具体指导心态和具体指导时效性层面也展现出一些不满意的情况。第二，顶岗实习基地的选取不是很严格。学生对顶岗实习基地的学用对口程度和专业技能训练层面评价不高。院校在遴选顶岗实习基地时未满足学生专业发展的规定，一些公司企业把学生当作廉价劳动力，从业和专业不相关的工作，对学生的专业技能提升没有任何帮助。

3. 调控管理工作不够精细化

顶岗实习期内的调整管控工作便是要及早得到各类意见反馈信息，处理实习中的各类问题，使实习工作向着明确的目标前行。从几所高校的调整管控工作管理完成的情况来看，在管理方式上都存在一定问题。由于样例高校顶岗实习地点布置得比较分散化，通常对学生采用远程操作的管理方式，从调研状况来讲，承担实习管控的教师具体借助微信、QQ和电话的方式来把握学生的实习信息。这样的远程控制沟通交流的方法尽管便捷，可是欠缺时效性与真实性，师生的沟通交流仅限通告和报告，对于一些学生的心理变化状况没能及早把握。其实实习生在单位也面对着某些人际相关问题，如处理不当会很影响情绪，可是又怕改换实习点影响毕业，有的时候确实会很压抑。

4. 考核评论方式不够多元化

在顶岗实习完毕后，对实习学生的实习环节和实习内容作出全方面、客观性的评论，评论的意义就在于协助学生掌握和了解自己在实习环节中的成绩和欠缺，进而寻找差别，不断努力。从几所高校的考核评论工作完成的状况来讲，顶岗实习的评论行为主体单一化，依然以高校为主导，公司企业参加得比较少。评论的具体内容更偏向于提交实习鉴定、实习总结，在成绩评估时以班主任评估为主导，而学生自评、整合评论和实习环节评论也没有展现。实习考核评论的具体形式是学生回校后提交实习鉴定表、实习总结，实习鉴定中用人企业仅需盖公章就可以，少有企业对实习生的主要展现给予详尽评论，最后成绩则依照优秀、良好、中等、及格四个等级分类，只要是能完成顶岗实习的学生都是优秀。这样的终结性的评论往往不能展现出学生顶岗实习的真实情况，对于学生在顶岗实习的前期、中期、后期的成长环节没有记录，欠缺对学生实习成效的评论。这样的考核违背实习评论的目标性、全面性和客观性的规定，没有从岗位层级、职业素质、专业技能、实习作品展览等很多方面恰到好处地做出评论。

（三）实习学生方面

1. 对实习管理的认识度较低

顶岗实习有助于学生得到现实岗位所需的知识和技能，有利于巩固、扩大、丰富学习理论知识，提高独立工作实力。从样例高校的调研状况来讲，学生对顶岗实习的态度比较积极，可以意识到顶岗实习的重要性，可是对实习管控的认识度较低。首先，在顶岗实习的分配问题上，一些学生宁愿自己去找工作，也不愿接受学院一致分配实习。其次，对公司企业管理不适应的情况比较明显。高职学生的年龄通常在16~20岁，在校期内请假程序比较简单，校园生活安逸舒适，步入实习公司企业后，不能适应公司企业的管理制度，有的学生就会采取逃避的态度，以各种理由拒绝参加顶岗实习。

2. 对实习岗位的认同感较低

高职学生对实习岗位的认同度在十分大的程度上影响着本身的实习效果，仅有对所从业的岗位有很强的认同度，才可以全心全意地投入工作中，认真学习岗位操作技能，实现提高职业技能和职业素质的目标。从样本高校的调查状况看来，高职学生对实习岗位的认同度较低，顶岗实习实现后不愿意留在企业接着工作，采访高校的实习生班主任获知，当今的高职学生大多数欠缺认真负责的思想，他们期望实习岗位带来的实习补助高，食宿情况好，劳动效率小，当理想和现实差距很大时，就会多次更换实习地点，有的学生甚至有三次以上更换实习地点的状况。这样的随便更换实习地点的方式使高校的实习管理工作面临着很大难度，并且不益于本身的发展，由于学生在挑选实习岗位时会过多地考虑到实习补助、办公环境，而忽视了专业对口和职业发展的问题，没法确保顶岗实习的安全可靠和品质。

3. 岗位工作完成能力薄弱

1973年美国哈佛大学教授戴维·麦克利兰（David·Mc Clelland）重视完成力便是为了更好地实现某一类工作所应当的各种各样整合能力的总数，❶并推荐公司运用完成力这一个指标科学考量员工的工作实力和绩效考核。自此，很多公司在员工的选任、提升和培育里都会整合考虑岗位完成能力层面的因素。本研究中的岗位完成能力主要指岗位工作实力、个人修养和本身适应力这三个层面。在对公司的人力资源部门的采访中，当问到"您觉得当今高职高校的实习生缺乏什么能力"的问题时，某汽修公司人力资源部经理说道：我觉得当今高职学生不但欠缺实践操作技能，还欠缺完成岗位的能力，例如，上月刚来的实习生，他连基本的专业知识保养和检修知识都不太懂，来了一个月了，就只会换机油，其他的都不能入手，还不愿意多观察、多学习，一有时间就看手机，玩游戏。我们分来了五个实习生，已走了两个了，原本是签了一年的合同协议，可是有可能坚持不了多长时间。有的学生可以正确认识自身欠缺，努力跟师傅学习，没多久就能融进工作环境，但是有的学生却欠缺学习能力和本身适应力。

---

❶ 木尼热·亚力坤. 少数民族地区双语教师信息化教学设计能力发展现状调查研究[J]. 中国优秀硕士学位论文全文数据库，2014.

三、高职院校毕业生顶岗实习普遍存在问题的原因剖析

（一）企业层面存在问题的原因剖析

1. 企业人才培养观念淡薄，顶岗实习陷入恶性循环

高校和企业身为顶岗实习期间学生管理的行为主体，二者的社会属性不一样，高校以立德树人为主导，重视的是社会经济效益；企业以造就经济效益为主导，重视的是经济效益。在顶岗实习中，企业主要考虑到的是投资回报和人才需求这两个层面的因素，这样的重经济效益轻培育的合作观念，致使公司不能充分发挥教育指导功能，严重影响了学生的实习效果。这种情况在餐饮业、酒店业或是一些流水线装配的公司最为显著，这些公司员工流通性很大，工作性质和待遇也不具有吸引力，与高职高校合作则是其得到人力资源的重要途径。一些高职学生在步入企业后，根据简易的学习训练，便补上劳动力的空缺，减轻了企业的招人难问题，致使学生在实习期内从事与专业不相关的工作，职业技能发展存在不足。在调研实习公司企业人事部门工作人员的环节中，发现很多企业在担负高职学生顶岗实习这一任务上主动性不高，主要原因在于以下两个方面：一方面，高职学生的年纪普遍偏小，管控难度比较大，在企业实习期内若造成安全生产事故，要承担责任，如此一来便会给企业提升相对应的经济压力；另一方面，对实习学生的技术训练应当花费企业的人力资源、物力、场所、经费预算等资源，不可以由于学习训练影响了企业本身的运行，因而，很多企业将项目训练缩减至三四天完成。企业这样的一心追寻经济收益而忽视专业技能培育的做法与高职高校分配学生顶岗实习的初心是相悖的。

2. 岗位对接结构性失衡，人才供需机制总体缺乏弹性

依照职业院校顶岗实习的有关规定，学生在顶岗实习期内，企业应担负实习学生的住宿、专业技能培育、安全管理等责任。从实习企业本身的

发展来讲，中小企业没有充足的资金和能力担负高职学生的住宿和培育花费，如部分企业在招录实习生时，会规定学生的生源所在地，减小因住宿造成的花费；有一些企业尽管跟高校签署了培育合同，可是没有规范的实习生培育制度，学习训练仅仅走个形式，对学生的管控也很不正规，时常让学生加班，且存在拖欠实习补贴的情况，致使学生提早终止实习，给高校的再一次分配和实习管控造成一定的困难。

（二）高职院校层面存在问题的原因剖析

1.高校指导教师人手有限，"双师型"教师更为稀缺

教学资源就是指为促使教学工作顺利完成，可以被运用以教育教学的各种各样社会条件、物质条件、自然条件等。例如，师资队伍、硬件设备、资金支持等。从目前高校的调查的情况来看，组织管理工作不规范主要是受限于高校本身条件。首先，从师资队伍上来讲，高职高校的专业课老师均十分缺乏，一些专业还应当聘请教师讲课，因而无法借调出多余的专业课教师完成顶岗实习的指导工作。除此之外，由于大批量的实习管控任务落在班主任肩头，班主任除开负责实习工作外，本身还应当完成教学工作任务，因而在具体指导及时性和具体指导能力这方面会受到影响。其次，从资金这方面来讲。由于经费有限，校内实训设备陈旧，与企业的设备差别比较大，促使校内教学与顶岗实习连接程度不高，致使学生学用对口程度不高。具体展现为校内实训建设不可以满足各专业实践操作规定，一些专业没有实训间，在校期内没法完成实训课堂内容。

2.实习管理框架完整、管理深入细致程度远远不够

高职学生顶岗实习规章制度就是指高等职业高校和校企合作单位依据职业教育教学和管理观念，对高校外顶岗实习学生完成日常工作管控、思想政治指引的多方面规范、规定的总和。顶岗实习规章制度不健全是致使

工作管理不够高效化的首要因素。首先，从受调研高校的顶岗实习规章制度来讲，尽管都确立了详尽的实习生规章制度，可是没有专门针对实习辅导人员的规章制度，实习辅导人员没有可供参考的规定化步骤，一事一议状况十分广泛，致使实习管控存有"走过场""形式化"的状况，管控流程高效化能力不高。一些教师觉得顶岗实习便是将学生交给企业培育管控，平时只传递一些高校的通告，疏于对学生的管控，对学生的岗位适应情况和心理状况均不了解，未能及时发现实习中的问题，致使学生更换实习地点的情况比较严重。其次，高校在实习管控中没有建立科学合理高效的评论体制，对实习指导教师的辅导次数、辅导具体内容、辅导态度、辅导能力等没有做过深入剖析，致使实习辅导具体内容与学生期望存有误差，一些学生对实习指导教师辅导次数和辅导具体内容存有不满意态度。再次，对顶岗实习的监管不到位。部分高职高校在顶岗实习中存有着"放羊"状况和频繁转岗状况，这跟高校对顶岗实习期间的监督管理相关。

3. 三方沟通难度大，高校的桥梁作用有待加强

顶岗实习对培育合格人才具有十分重要的作用，各高等职业高校依据不一样专业的培养计划，在教学工作计划中都应安排顶岗实习环节，以保障学生既能得到本专业的基础知识，又能得到本专业的实践知识。可是现在很多高职高校对顶岗实习的重视能力不够，致使工作管理欠缺目的性。首先，对顶岗实习的认识出错致使实习管控中的错乱与失位。很多高职高校把顶岗实习和入职一概而论，没有正确看待顶岗实习的实践教学实质。顶岗实习与校内教学只不过教学形式不一样而已，一样应当确立清晰的专业实习大纲和方案、目的及考核指标。现在很多高职高校对实践教学工作不够重视，没有与实习单位共同确立实践教学工作计划，致使实习单位对教育指导目的不清晰，欠缺对应的实践训练环节，无益于学生专业技能的

发展壮大。其次，师资队伍比例不科学，高校将大多数教师用于校学生的教学与管理，实习生的工作交给实习办和班主任承担，但是，实习办工作人员的数量十分少，两三个实习办教师承担全校的实习生工作，根本没有精力确立实习计划，学生的岗前动员训练环节应当协调专业课老师，汇报训练方案，领导审核后才可以实行，为了精简程序流程，很多高职高校将岗前训练任务交给企业完成。

（三）实习学生层面存在问题的原因剖析

1. 缺乏正确的认识和态度，内因才是主因

高职学生在顶岗实习的环节中，应对本身身份转换和校企管理方式的差别，经常会形成各种不习惯的状况，当实习岗位的吃住、工作强度、人际关系等形成问题时，便会找各种理由脱离实习岗位，随便解除与实习岗位相互之间的实习协议，甚至不打招呼就私自脱离实习岗位。

2. 欠缺准确的定位和目标，盲目和盲从都有害

高等职业院校是以择业为导向的，学生在毕业以后可以立即入职是最满意的情况，因而，在高校期内就应当做好自己的职业发展规划。顶岗实习可以进一步提高学生的择业市场竞争力，完成"毕业即择业、择业即入职、入职即顶岗"的培养计划。根据调研发现，尽管在高校接受过职业生涯发展层面的课堂内容，仍有很多高职学生都没有对本身的职业生涯发展做过系统的整体规划，对本身学习专业了解不够，对毕业以后能在有哪些岗位择业都不清楚，针对高校分派的实习岗位不满意，总以为实习生工资低、工作平淡无味，完全不清楚这是职业生涯发展的必经环节。

3. 缺乏坚实的理论及专业基础，整合能力亟待提高

高职学生在顶岗实习中的完成工作能力薄弱，主要表现在欠缺岗位工作实力、个人学习能力和自我适应能力等层面，这主要是由于一些高职学

生在高校期内学习不牢固，欠缺匠人精神所致。高职学生正处于青春发育期，有着较强的叛逆心，有的学生对社会上盛行的非主流文化感兴趣，有的学生沉迷网游游戏，对学习失去兴趣，连专业基本都是父母代替挑选，对课堂上所传授的知识都没有兴趣。另外，目前高职学生欠缺任劳任怨、勤于思考的匠人精神，对吃苦与享受的认识存在着误解。在实习岗位上不愿意做脏活累活，不虚心倾听企业中师傅的具体指导，对技能提升没有兴趣，工作中存在追求"速成"的浮躁心理，欠缺精益求精的工作状态。

（四）政府政策层面存在问题的剖析

多年以来，在我国的教育组织中都将高校的培养教育资金主要投入在高等本科高校的设施购置与项目培育中，极少有相对应的资金分配到学生的实习培育中，教育组织的政策扶持力度较小也成为对高职院校学生完成顶岗实习工作完成的重大阻碍。由于政府对顶岗实习政策参与性较低，减少了高职院校完成实习工作的信心与能力。

四、高职院校毕业生顶岗实习普遍存在问题的对策及建议

（一）加强政府的保障、支持和引导作用

1. 保障、加大高职院校顶岗实习的经费投入

由于大部分学生在岗前实习之前并不知道岗前实习的定义，资格的缺失也导致学生对自己未来的发展前景产生相应的担忧，怀疑自己的工作能力，从而导致学生无法真正进入岗位实习。因此，高职院校应联系企业，完善奖励机制，促进学生完成更多的岗位实习。例如，高校可以与企业签订合同，让进入实习阶段的学生完成点评，优秀的实习生承诺奖励后可以获得企业通过入职吸引学生完成实习更能带动学生的实习热情。

2. 政府引导鼓励企业主动持续地参与顶岗实习

完成在职实习的主要压力不应该全部压在职业院校和企业身上，政府应该给教育机构一定的压力，督促他们做好对在职实习的引导和帮助。作为政府机构，还应该处理好该地区的整体的入学问题，应该依靠自身的宣传能力，做好职业院校学生入学观的引导工作。

（二）高校应全面深化职业教育改革

1. 深化以推动入职为导向的教学改革

当代职业教育非常重视学生综合职业能力的培养，即学生经过职业教育培养后，应具备与本专业相对应的职业能力，能够从事本专业的某一岗位或相关岗位。[1] 目前，高职院校存在结业能力较弱的情况，这与高校课堂配置有关，原有的学科化教学与职业规制联系不紧密。因此，将课堂规章与职业规章联系起来，明确高职学生实习前应具备的知识和技能要求，这对学生完成岗位能力的培养非常重要。根据行业和企业的最新规定，学生的基本知识、专业核心能力和基本素养必须与企业的工作任务和能力规定相一致。如果汽车维修专业的课堂性质，课堂基本概念和设计理念必须与专业知识、现实环境、培训规定、工作标识的差异相一致；要把职业道德和基础知识融入课堂目标，让课堂目标更贴近现实。课程内容要满足汽车维修初中、中、高等工科要求，从专业知识的第一线，积极采用项目教学、案例分析、情景教学等多种教学方式。学完相应课程后，学生可以从事相应的工作。但职业法规只是重视工作能力，而不是整合它们。因此，课堂规章制度和职业规章制度应该是相互关联的，一个专业的课堂规章制度应该涵盖很多相关岗位的职业规章制度。

---

[1] 崔明浩，刁春英． "三化一本位"教学模式提高中职学生综合职业能力 [J]．科技风，2013．

2. 加强"双师型"师资队伍的建设

为促进高等职业院校教师队伍的建设,《国务院办公厅关于印发全国职业技术教育改革实施方案的通知》(国发〔2019〕4号)明文规定,高等职业院校和高等院校要建设规划"双师型"师资力量,构建高职院校教师队伍建设标准管理体系。针对目标高校的情况,为有效应对目标高校"重理论重实践"的问题,高校应积极推进"双师型"师资队伍建设。❶ 但针对目前目标高校"双师型"教师数量不足的情况,可以通过公开招聘专业技能人才来弥补师资不足。高等院校还应支持专业课程老师转变成"双技术专业"队伍,专业课程老师可以系统学习专业能力,并参加有关职业资格考试获得技术专业职业技能证书;强化专业教师实践能力,鼓励专业教师在公司完成专业实践。❷ 每三年,他们必须先在合作企业实习,然后才能再进行教学。全面实施和推进"双师型"教师队伍建设是目标高校的紧迫任务。

3. 建立"四位"一体化信息平台

实习是学生正式进入教学岗位的重要阶段。在这个环节中,如果学生能有效地完成环节管理,建立客观、高效、透明的点评机制,教师的工作就会事半功倍。应用"宣传网站+管理平台+微信问答"的信息系统,实现实习全环节、全品类、全角色的信息沟通与管理。"四位"一体化综合信息平台的运用表明,信息技术的发展有利于实习评议工作的完成。大大简化了教师工作的管理,更有效率地完成岗位实习任务。同时对实习生起到正确引导的作用,因为实习生可以在"四位"一体化综合信息平台上实时看到自己的成绩。充分利用移动学习专业平台,完成线上学习和互动交流,结合线下转点和讨论,提高实习生的教学和管理能力,不断修订点评

---

❶ 张海波. 新时代高职院校教师队伍建设的时代要求与现实选择 [J]. 南方论刊,2019.
❷ 杨琳. 中等职业学校实施"顶岗实习"的现状与对策研究 [J]. 中国优秀硕士学位论文全文数据库,2013.

制度，全面提升学生培养质量。

4. 加强顶岗实习的动态化管理

岗位实践的管理内容涉及多方面，加强环节管理可以有效保证预期目标的落实到位。高校要在预定的岗位实习实施方案的指导下，建立全面、规范、健全的管理制度，做好环节管理，这是实现岗位实习预期效果的基本保障。

首先，高校职能部门之间要加强协调配合。实地工作是高校高等职业教育教学中的重要组成部分，高校成立行政等院系合作的专业教育实践工作领导小组，组成一套实地工作计划、明确各部门的分工、实践内容、预期目标、时间段、纪律、安全、检查意见等。

其次，高校要委派责任心强、专业技能强的实习指导教师与企业管理人员配合，及时处理实习生在实习环节遇到的困难和心理健康问题。实习指导老师是学生与主导作用相互之间的枢纽和纽带。学生在合作公司企业实习过程中，实习教导员应常驻公司企业，追踪学生的实习状况，加强与学生的沟通交流和联络。实习教导员应与学生一同参加公司企业的生产加工，不仅要培养自身的专业能力，并且还要发现学生在生产中遇到的问题，及时完成对学生的耐心细致地指导❶；对于学生来自企业的问题，实习指导员应及时向高校相关管理部门反馈，并酌情按规定处理，同时加强对学生的思想教育；学生对人身安全和企业薪酬福利的意见也可反馈给实习主管，实习主管应及时完成与合作公司的谈判。

（三）搞好实习学生的引导、教育工作

1. 加强正面事例宣传，融入校园文化联动

对培训工作前的实地工作进行充分动员对于提高学生的士气有重要作

---

❶ 郑玲玲．关于中职生顶岗实习实效性存在的问题及对策研究 [J]．中国优秀硕士学位论文全文数据库，2014．

用。目标高校应及时了解国家有关实地工作的相关政策和精神，以职业为导向，借助动员会议，突出毕业生多样化的讲座、职业规划课程等，组织学生完成学习的方式，在学生身上广泛宣传，使学生形成对岗位实践教学模式的正确认识。此外，在实习期间，实习指导员要不时动员和教导学生，以保持学生对实习的积极情绪。学生是否清楚实习的目的和意义，对实习的效果有着决定性的影响。正确引导学生参与岗位实践是提高岗位实践管理质量的重要前提。

2. 强化入职指导，搞好实习前的动员

岗位实习指导包括实习前指导和实习中指导。实习前指导更注重职业规划、入职前景和实习内容，实习中指导更注重专业技能和能力。首先高校要制定相关的职业规划课程，重点关注专业内容、发展前景和社会需求，目的是激发学生对专业的热情和兴趣，引导学生设计自己的专业视角，结合专业经济社会需要接受科学技能学习，树立正确的"入门"思想。此外，还要将合作企业的管理制度、工作流程、安全等内容传达给学生，对即将到来的岗前实习有一个基本的了解。为适应企业生产，高校应加强"双师型"师资队伍建设，与企业培养合作的长效机制，为教师提供实践教育的机会，鼓励实习指导教师进驻企业，将增强实习指导教师的实践能力。

3. 提高教学质量，提升学生整合能力

如果没有完善的考核评议制度和具体的量化考核规则，岗位实践的考核评议将流于形式。考核评价的内容不仅要包括学生的评价，还要包括教师的评价和企业的评价。对学生评价意见的动态评价应包括考察后的意见和实践两个方面，学生在实地工作中的存在和偏离趋势的指标决定下一次实地工作的效果，而实习后的考核意见是针对高校、学生和企业实地工作的效果和存在的问题进行完整的总结分析。对学生的考核可以采取积极多样的形式，如笔试、实操、面试等。实习导师的考核评价由指导能力和指导效果来调节；对企业的考核评价侧重于实习生的态度、技能指导、权益保障、薪酬福利等方面。[1] 完善岗位实习考核评价制度，弥补原有制度存在的不足，跟踪学生岗位实习动态变化，及时发现学生岗位实习环节中存在的问题，引导学生积极正确实践，这样才能真正达到培养高素质技能型人才的目的。

（四）带动企业参与学生顶岗实习的热情

1. 制定面向企业的优惠政策，从根本上带动企业的热情

在岗位实习的管理环节，企业要根据自身实际情况制定相关的管理制度，积极参与实习管理的各个环节。不仅要依靠高校实习导师来完成管理，还要配合高校协同管理。实习生的参与不仅可以提高他们的专业技能和能力，还可以为企业创造更多的利润。因此，与校方合作完成实习生的协同管理，是公司义不容辞的责任和义务。企业指导老师要有强烈的责任心，完成对学生耐心细致地指导，进一步提高学生的专业技能，还要完成岗位轮岗培训，不断拓展学生的技能，让学生适应多种岗位；企业需要加强与高校实习指导老师之间的联系，对学生的突发事件及时反馈给高校，把人文关怀带到学生身上，实行人性化管理，适当为学生举办一些文娱活动，丰富学生的生活，让学生真正感受到企业的人文关怀；企业应采取同工同酬的态度，为学生带来应有的薪酬和福利待遇；合作企业按规定设立专门负责学生实习管理的职能部门，负责对接高校、学生和家长，全面负责学生的工作和生活。

2. 实现弹性对接，让高校适应企业的用工需求

完成校企合作，是推动高等职业教育蓬勃发展的有力保障，是国家培

---

[1] 沈爱平. 中职学生中间实习的课程化设计 [J]. 教师，2013.

养高素质技能人才的有效途径。❶ 相应意义上，企业通过参与在职实习和接触式培训表明，很多企业承担着国民经济建设的重任，培养高技能型人才。校企合作不仅可以为高职院校完成在职实习提供便利条件，还可以帮助合作企业吸纳技能型人才，满足企业生产经营的实际需要。部分企业虽然对接收职业院校实习生不积极，但既要关注自身利益，又要关注促进国家产业结构升级的战略利益。企业要积极参与高职院校课堂结构优化调整、实训设施建设和"双师型"师资队伍建设。企业应该认识到，人才是其发展的主要因素。要想实现可持续发展，就必须依靠熟悉生产工艺、掌握生产技术的优秀人才。为提高公司的影响力和产品竞争力，公司需要源源不断的高技能人才作为支撑。企业若能结合自身实际，正确树立校企合作理念，公平对待实习生，协助高校加强对学生技能能力的引导，选拔优秀人才，对于公司的人才储备和可持续发展来说是非常重要的。

3. 大力深化教学改革，真正成为企业人才培养的渠道

实习期间的学生管理是一个系统工程，需要学校、企业、家长和实习生共同参与。企业作为岗位实践操作的主要场所，应发挥主力军作用。我们可以从以下三个方面入手：一是正确认识实习生的双重身份，建立以人为本的学生管理方式。目前针对专业领域工作管理制度的企业很少，一般都是按照企业人员的规定来管理实习生，没有考虑实习生的双重身份，加上高职生年龄小，盲目使用规章制度、奖惩办法适得其反。管理人员应以激励的形式激发学生的积极性，与学生建立和谐的人际关系，让学生尽快融入公司的真实环境和生活环境。以人为本的管理理念重视满足员工的需求，和谐、包容、公平的企业氛围有利于充分发挥人的潜能。因此，在高职学生实习管理中，企业要重视与学生的交流，着眼于学生的长远发展，

---

❶ 肖丹儿.高职院校学生顶岗实习现状问题及对策研究[J].中国优秀硕士学位论文全文数据库，2016.

尽量安排学生的专业对应岗位，配备优秀的导师，给学生施展才华的空间，促进学生潜能的发挥。如某企业引导学生参加职业技能大赛、行业技能大赛，充分利用公司企业的资源优势，为学生营造技能学习的良好氛围，让高职学生由于具有某方面专长而获得尊重，找到学习的动力和自信。二是企业要与高职院校密切合作，完善岗位实习管理制度。企业要严格落实岗位实习计划，加强校企联动频率，与高等院校商谈实习内容，按照专业规定安排实习岗位，有条件的尽量安排学生轮岗实习。对实习表现突出的学生给予奖励，与学生签订就业合同，解决他们的后顾之忧。三是企业要严格执行校企合作协议，为学生支付合理的实习报酬，保护实习学生的合法权益不受侵害，尊重学生劳动成果。

第三章　高职院校毕业生顶岗实习角色适应分析

随着工业生产现代化系统进程的加速，经济社会发展明显提高，职业技术教育对经济社会发展的技能人才的专业知识需要，紧密结合市场发展需要，致力于培养具有高素质技能型的综合性人才。因为发展高等职业教育是顺应改革开放和社会主义现代化建设的重要途径。近年来，"中国制造2025"、社会经济发展"新常态""一带一路"等经济发展战略和政策的提出，对中国人才素质提出了新要求。职业技术教育。国务院办公厅2017年下发的《关于深化产教融合的若干意见》提及："我们将全面贯彻执行党的十九大精神，深入开展职业技术教育和高等教育改革，充分运用公司企业主导作用，促进人才的培养中产业需要产业结构升级和产业结构升级要素全方面结合，培育一大批高质量技术创新人才。"[1] 可见，产教融合是高等职业教育适应市场需求、提高人才培养质量的重要途径。就职业院校的教学培养模式而言，在职实习是有效促进产教融合的重要教学形式，也是有效提高人才培养质量、提升人才培养质量的重要环节。岗位实习是职业院校教学培训的重要组成部分，是指学校根据相关教学计划和培养目标的安排，组织学生进入真实的职业环境，参与实际工作岗位的实践学习。

2015年，教育部《关于深化职业教育教学改革全面提高人才培养质量的若干意见》提出，重视教育与生产、社会实践相结合。提出要以初

---

[1] 吕耀平，戴庆敏，杨承清. 教融合人才培养新模式：一融合两清单三提升[J]. 宁波大学学报：教育科学版，2018.

中教育为重点；充分利用实习，积极开展理解、匹配、面授等多种形式的实习。一般在实践中，往往要求学生在长期、高投入、人际协调的真实工作环境、组织文化等诸多因素的影响下，形成一定的职业价值观，以提高他们的专业素质，才能完成从"学校"到"社会"的身份转换。然而，从"象牙塔"式学校进入现实工作，无论是学习实践还是劳动生产，两者的转换心态和能力要求差异较大，往往角色转换不及时，难以产生心理和行为适应。学生在实习中可以适应，按照角色规范、角色关系、角色能力等因素的要求，这不仅影响高职高专高素质技能型人才的培养，而且影响学生自身加强职业素质，提高综合能力，形成更加成熟的职业认同和职业价值观。

职业技术教育旨在培育生产加工、服务、管理等一线工作的高质量应用型人才。可是，高等职业教育人才培养模式并不理想，高职学生的专业能力和综合能力都有待提高，[1]一大批毕业生的素质和能力不能满足社会产业的需求。即使很多高职学生进入岗位，也很难适应职业环境，调整职业心态。高职院校岗位实习的教学形式，使学生与工作"零距离"接触，可以有效缓解高职学生面临的职业角色适应问题。在参与岗位实践过程中，因角色和身份的转变而产生的不适应，不仅反映了自身综合能力的不足，也反映了岗位实践主体（高等职业院校和实践企业）。因此，研究高职学生的角色适应具有重要意义。我们发现，相关文献中，一方面，目前对高职院校工作的研究大多是从宏观角度探讨实习过程管理、质量监督等，或者从法律角度探讨学生权益。以实地实习生为研究对象，分析学生参与实地工作的过程中角色转变和适应生产的面貌鲜有提及；另一方面，关于角色适应的研究大多集中在实习教师、新校长、大学生、农民、母亲等的角

---

[1] 杨玉荣，张春凤，肖文博．涉农专业人才培养体系建设的若干思考——基于涉农高职课程体系 [J]．中国集体经济，2014．

色身份上,而很少使用角色理论来研究职业教育领域的问题。本研究借助角色理论等相关内容,以现场实习生角色适应为切入点,不仅探讨了角色的结构特征、成因、过程等问题,还丰富并拓展了角色理论的研究和其余领域的应用,为微观把握好工作的高职学生角色适应和实施相应策略提供科学依据。

希望通过本次研究能够使参与建设领域工作的高职院校和企业环节能够以学生为中心,针对不同专业、不同岗位所面临的问题来适应角色的有效教育理念,更加切合实际地把握教学实地工作的情况,提高人才培养的实地工作质量。另外,帮助高职学生更好地完成从学校到企业的转变,岗位实习作为与实践教学环节的"零距离"接触,对提高高职学生综合专业素质具有重要作用。就目前而言,高职学生在面对具体工作时仍会出现心理和行为上的不适,影响人才培养质量,因此为了有效发挥学生的专业素质和综合能力应该在学生进入社会之前,从高职学生个体的角色适应,在实习期间提高学生的专业能力、人际协调能力和创新学习能力,增强其就业竞争力。重点分析了高职院校工作适应学生角色的现状,探讨了学生在适应工作过程中出现问题的规律并提出相应的对策,以帮助学生更好地适应工作。根据自己的专业岗位、角色定位合理,从而完成角色适应过程中对角色的期望、理解和实践,最大限度地提高岗位实习人才培养的质量和效果,为学生的职业发展打下良好基础。

一、角色适应概述

(一)角色定义与因素

将角色用于人际交往及其相关范畴,然后引入角色来分析社会相关性和社会结构。许多研究人员对此进行了深入研究,并从不同的研究角度对

"角色"的定义进行了分析和讨论。角色的定义，一般可以分为两类：一类是从社会学的角度来看待社会角色，如郑航（2003）、胡蓉（2009）等研究人员认为，关注自身在相应的社会规制、人的责任、社会地位、社会分工限制下形成的某种行为模式，并在一定程度上反映了外界的社会期望；另一类是从社会心理学的角度来看待社会角色，主要从行为表现和自身形成的行为模式的角度来分析。例如，费随玉在《社会心理学辞典》中提到"角色是一种能够表现出自身社会地位的行为模式，并且能够表现出在社会地位上应该表现出的行为。"尽管许多研究人员对角色的含义持有不同的看法，但他们都在相应程度上认识到，社会与角色相互作用，影响着角色背后的行为模式，而这种行为模式又受到社会制度、规范和责任的制约。

由于角色定义的复杂性，研究人员对角色因素的分析存在不同的观点。丁水木、张旭山（1992）从角色与特定社会行为的关联性出发，觉得角色权益、角色权责和角色规范共同组成了社会角色系统架构的三个基础要素。弗里德里希（2000）将角色定位为与社会分工息息相关、与本身认知能力和实践能力相对应的一组行为模式。角色具备抽象化、多重性、动态化和依赖性等特性。杨开成（2004）分析了角色的经济地位、权利和责任、价值观、思维方式、能力、知识、意识形态、标准和行为方式、阶级差异等。

从社会心理学的角度来看，周晓红（2008）认为，角色是由社会分工、社会发展期待、主观能力、环境和行为要素组成的。奚从清（2010）从角色意义和组成的角度，剖析了角色扮演者、社会发展关联性、社会分工、权益与权责、社会发展期待、行为模式六个角色要素。它注重个体因一定的地位或身份而作为相对应的角色，[1]处于相应的复杂社会关联之中。他们被社会赋予相应的权利和责任，接受与其职位相对应的各种社会期望，进

---

[1] 闫慧芳.基于分布式学习的师生角色关系研究 [J].中国优秀硕士学位论文全文数据库，2017.

而调整并形成自己独特的行为模式。由于理论起点和研究视角不同，研究人员对角色的定义和影响因素有其自己的看法和分析。无论他们把角色看作是一种行为还是一种关联，都相应地提到了社会存在和自身心理对角色规范和行为模式的影响。角色的元素并不完全相互隔离，而是在相对应的社会动态中相互推动与限制，一同存在和发展，影响并调整角色行为模式。

（二）角色适应的内涵

"适应"最初起源于生物学范畴，但后来研究人员将其引入其他范畴。在心理范畴中，"适应"表现为不断调整自己的身心状态以适应外界生存环境的动态环节。适应的表现形式分为"同化"和"适应"。"同化"是指主体将外部环境的各种要素融入已有的图式或结构中，并随着主体经验的丰富和成长而调整和满足已有的图式。"适应"是指改变主体的内部结构和行为以适应客观变化。同化与适应相辅相成，共同作用，帮助主体与外部环境达到平衡。主体随着外部环境的变化调整自身的结构和图式。平衡、不平衡、平衡的动态环节是适应环节。

角色本身与社会是彼此之间的连接点，在自身与社会形势的联系中，在相应的社会文化下，逐渐形成了独特的主观意识和行为模式，借助已知的角色，选择他自己的角色，装扮成一个角色和一系列活动，逐渐融入和适应社会发展。从这个意义上说，它的社会化环节就是它的角色环节。随着其在社会中的不断发展，角色的身份和意义发生了变化，在新旧角色的不断变化中要进行调整，这是角色社会化的必然环节。默夫等人（2010）在他们的研究中发现，如果角色主体缺乏相应的社会支持，他们就无法顺利实现角色转变，缺乏幸福感。王小英等（2004）认为，当他们承担各种角色时，他们往往会调整角色行为引起的不适和冲突，以达到所有角色之间和谐一致的目的。褚文义（2013）将角色适应视为自我调整和适应自身的动态环节。张春（2017）认为，角色适应是当社会期望的权利、责任和行为标准发生变化时，角色调整自己的观念和行为以符合角色规范的过程。由于新旧人物的社会期望和内在规律不同，他们往往难以承担人物的身份。面对新的角色身份，如果能够准确理解角色的内涵，感知社会或他人带来的角色期望，具备实践角色所必需的能力，那么就可以顺利完成角色转换和做好角色适配，否则会出现适配不良。

尽管研究人员对角色适应的定义和成分不同，但他们都承认角色与社会之间存在联系，这显然是动态的联系。角色适应是一种在相应环境中自我调整以满足角色规范的动态环节。

（三）角色适应的结构

由于角色的性质和复杂性，关于角色适应结构的研究目前还没有一致的结论。国内学者对角色适应的研究起步较晚，大多提出根据职业类别的不同角色身份划分角色适应结构。康传义（2006）将银行职员的人物角色适应分成人物角色思维能力适应、人物角色专业技能适应、人物角色工作态度适应和人物角色有关适应。司秀玲（2008）将新生的人物角色适应分成普通人物角色适应、岗位人物角色适应、社交人物角色适应、经济人物角色适应和生活人物角色适应。❶ 郭元（2014）基于角色理论，从现实出发，从角色期望、角色混淆和角色冲突等角度分析了大学生对中国教师志愿者的角色适应。孙玉瑾（2015）从角色认同、态度和相关性三个维度分析了新任中大校长的角色适应。由于研究类别和视角不同，国外学者对适应性结构的分析也存有差别。巴里蒂（2001）指出青春期初期的性别角色适应由3个方面构成：别人适应、本身适应和个人行为适应。休布纳等人（2002）将发展壮大冲动、自我效能感、自主性和人际相关性作为职业适

---

❶ 刘菲. 新疆多民族地区维汉大学新生角色适应的差异性分析 [J]. 兵团教育学院学报, 2016.

应的指标。[1] 波赤赤（2004）对大学生在工作一年内对职业角色的适应情况进行了调查，得出了三大主题：现实环境、友谊和工作呈现。虽然不同研究者对角色适应的结构划分存在差异，但都表现出角色主体的内外发展变化，即角色本身的心理状态和行为模式的变化，为划分提供了有价值的参考。

（四）角色适应的影响因素

目前对角色适应影响因素的研究比较分散。大部分研究者从不同的研究视角分析某一职业角色或某一角色的特殊活动阶段，而对此进行全面系统的研究较少。通过查阅和整理国内外相关文献发现，大部分研究者都提到了自身和外部环境对角色适应的影响。在国外研究中，阿斯平沃尔等（2008）基于对大学生适应大学的分析，提出他们控制情绪的方式和对自己行为模式的热情等因素对大学生能否成功适应大学环境有相应的影响。彼得森（2009）提出，自己形成的责任感和评论受自我模仿、新环境探索、组织相关整合等因素的影响。在国内研究方面，张恒（2017）借助对外汉语实践教师的案例跟踪调查分析，提出其角色适应受专业背景、基础知识、专业期望和能力等主观因素的影响，工作强度、实习环境等客观因素。一些研究者关注自身与外部环境的相互作用，认为可以通过问题导向或情绪导向来缓解不良情绪和处理问题，从而促进角色适应和发展过程。

可以看出，由于研究者关注的焦点、探讨的观点不同，对于影响角色适应的因素的分析也有自己的看法。但总体而言，研究者大多从角色本身和外部系统角色两个方面入手完整分析，试图探讨其在参与社会实践过程中所扮演的角色、适应角色和内在发展规律，为本书提供有力的价值参考。

---

[1] 刘晓辰. 城乡交流背景下校长角色适应及应对机制研究 [J]. 中国优秀硕士学位论文全文数据库，2013

二、高职院校毕业生顶岗实习角色适应存在的问题

（一）角色认识不够清晰

认知是人类最基本的心理环节。它是指一个人从心理层面的认识、思考和心得，通过处理外部信息，支配自己的行为，转化为内在的心理活动。他自己对某个角色身份的理解，就是他对这个角色的理解、认同和价值判断。高职实习生的角色识别应在正确认识自身角色的身份、岗位、职责等特点后完成，按照他人期望的角色规范履行相应的职责，正确完成角色实践。高职学生参与实习工作，主要是高职实习生角色上的完整转变，正确、清晰地认识自己的角色，是否了解自己的角色意识，关系自己的做事能力，充分挖掘自身潜力并付诸实践工作，甚至关系未来能否从事专业工作，保持一份热爱和坚持。

但是，从笔者的研究和以往的研究看，目前的高职学生普遍对实习生的角色缺乏清晰的认识，对自己的能力、工作以及他人对自己角色的期望缺乏清晰的认识。高校缺乏相应的实习前职业教育，自身对岗位角色缺乏相应的思考和学习，使学生普遍缺乏对实习角色的关注和学习动力，进而导致高等职业实习生的实习效果并不理想。

（二）职业精神比较淡薄

随着市场经济的快速发展，信息社会呈现出多元化的文化价值，高职学生年龄小，心智发育不够成熟，无法对世界其他地方的文化价值信息形成相对正确的认识和判断，因此，高职院校应重视学生职业精神的培养，逐步了解所从事的专业工作，培养对自身职责和责任的价值认知，帮助他们形成正确的职业观。调查发现，很多学生对自己与社会的共同发展缺乏正确认识。当他们真正参与到实际工作中时，无法表现出敬业、快乐、事业等

职业精神。对学生来说，职业精神不同于实践技能的培养，不能借助资格证书或考试成绩来体现，职业精神的价值观往往是内在的，难以用外在的行动，因而学生对于职业精神说不，采取冷漠的态度，学生在选择职业时，跳槽在以后的工作中都很常见。学生无法认真、坚定地专注于某一行业，不仅无法为企业创造价值和效益，更无法提升自身能力，展现职业价值。

（三）工作承载能力薄弱

高职实习主要是高校为提高学生进入社会前的实践技能而安排的一种教学模式。主要是弥补高校实践教学的不足，使学生能够从事具体的工作，提高适应工作的能力。对于在岗实习生来说，他们的学习和发展主要是围绕工作岗位完成的。通过在岗实习，学生可以在毕业前接触到实际工作，工作适应能力显著提高。然而，面对工作中形成的困难，大多数学生无法完成理性的思考和判断。此外，学生在参与工作时往往更加消极和疲倦，影响了学生未来职业生涯的可持续发展。对于即将步入社会的高职学生来说，从"象牙塔"式的学习环境进入竞争压力的就业岗位，会面临各种各样的情况和问题，对于接触实践最完整的学生来说，难免有不适应，但由于高职学生普遍心理不成熟，社会适应能力较差，对某项工作所要求的专业能力不足，往往表现出超负荷工作的心理和行为状态，并因此长期形成不健康的学习。贪玩的观念和态度，高职学生对现状不满，职业发展缺乏科学规划。

（四）人际协调处理不佳

人的本质属性是社会属性，它决定了人应该在所处的环境中与他人进行交流。良好的人际关系不仅能营造一种亲切友好的氛围，还能缩短人与人之间的心理差距。随着社会经济的快速发展和企业对人才素质需求的不断提高，职业院校学生不仅要具备优秀的知识和技能，还要具备较高的社会适应能力和人际交往能力，学会收集和善用环境中的各种信息资源，从而促进职业发展。然而，当学生从高校进入企业时，他们面临的环境完全不同。他们不仅需要适应工作方式，还需要处理更复杂的人际关系。面对组织中各类人的思维方式和行为模式，高职学生在人际协调方面面临着相应的挑战。有些学生在与他人交流时，不主动处理误解和矛盾，而是采取回避行为治疗，无法从他人的反馈中实时调整自己的心态和行为，更好地应对人际交往。此外，大部分高职学生还没有完全进入社会，缺乏社会经验，在与人交往时缺乏相应的灵活性和技巧，因此更容易与他人形成摩擦，影响自身专业能力的发展。在职实习为高职学生提供了参与工作实践、加强社会交往的学习平台，帮助学生提高人际交往能力和社会交往能力。❶因此，高职学生应努力加强人际交往能力，更好地适应职场环境，促进职业发展。

三、高职院校毕业生顶岗实习角色适应的动态环节

（一）高职生顶岗实习的角色期望

所谓角色期望，是指社会、组织、群体或其他人对社会群体中的某个人充当角色的期望，是外部社会系统对其角色的行为规范。在踏入社会系统装扮角色之前，必须承担外部社会系统的期望和规定，这也是社会系统对角色装扮的要求。因此，要想融入社会体系，结合自身条件成功转换成新角色，就需要根据角色期望和规范完成相应的社会行为。简而言之，角色期望限制了角色转换的行为。

对于高职实习生来说，进入企业环境参与实践学习提高自身能力，这就要求高职学生在新的外部环境中参与到各方面的联动，承担一定的角色

---

❶ 叶锦萍，廖凌燕，廖宁怡.略论高职生综合就业能力的培养[J].东方企业文化，2011.

或身份，所以他们应该接受外部环境的角色期望和行为规范。社会对自己在同一岗位上的角色有着基本一致的期待。但是，不同的群体或个人对自己的角色也有不同的期望。岗位实习是高职院校实施实践教学、实践产学结合的重要途径。学生参与岗前实习仍以接受高校教育的学生身份参与。因此，在社会制度中，职业院校在岗实习生仍然要承担起社会对其学生角色的期望和规定。对于企业环境，实习生也有额外的角色期望和规定，包括对角色形象、素质、责任、能力等方面的期望。高职学生作为企业员工参加实地工作的公司成员，实习公司对于实地实习生的外部或内部期望都有相应的身份，而这种身份通常以规范的形式表达（角色期望），对自己行为选择的作用有很大的影响和制约。

职业院校学生对角色期望的看法和认知也会影响其能否合理完成角色着装。职业院校的学生会根据企业和组织的角色期望中所包含的规范和规定，实时检查自己是否能够顺利完成角色装扮，这主要是指角色期望的明确程度，即他们希望为该角色接受的最大信息量与他们实际获得的信息量之间的差异。当期望信息与理想信息之间的差异越小，即角色期望的清晰程度越高，角色穿衣行为就越容易符合角色期望。但是，当角色期望的清晰度较低时，角色行为的主观成分较大，容易与角色期望形成偏差。[1] 因而保持角色期望的秘诀就是尽可能地获得更多正确的"信息"，而在实践中，正如企业主所说，在实习之前，一直向班主任讲授规范，这实际上是帮助实习生获得更准确的角色预期信息，进而有效促进高职学生的角色行为意识和目的，使他们顺利完成角色转变。

（二）高职生顶岗实习的角色领悟

角色理解是指角色扮演者将自己视为一个人物角色，是本身对人物角

---

[1] 魏茹芳．新闻工作者角色道德自觉研究[J]．中国博士学位论文全文数据库，2016．

色的思维能力方式。人物角色理解是本身在外界社会系统中明确提出的人物角色期待，基础上是本身掌握内在并产生对理想人物角色的直观掌握，因为自身的能力、思维能力、基本价值观、技能等因素与场外存在不同的环境，对角色的期望、理解和看法有着不同的规则，因此，对同一角色的理解也存在相应的差异，从而影响角色内化的行为。

高职学生进入企业参加实地工作，对高职学生来说是一种新的认识和体验，但由于经历、能力、思想本身等因素的影响，对承担的角色感知也不尽相同，需要针对角色本身和相应的反馈行为不断来调整角色。高职学生对实习生角色理解的准确性影响着角色着装的基调和视角。如果对角色规范和规章没有正确的认识，就会形成角色理解的偏差，造成角色行为的内化障碍。对自身角色的理解和认知包括理解社会、组织、他人和群体对所扮演角色的不同维度的期望。与被装扮角色的意义、功效和语境有关的问题，涉及一个人对角色的理解程度，从而影响角色装扮的效果。

对于初入企业参加实地工作的高职学生，面对外界不一样的群体（企业、职业学校、教师、家长等）的角色期望，很容易对角色的理解混乱，导致对角色的理解程度不深，判断不准确，从而影响相应角色的行为和效果。因此，对于高职学生来说，我们应该学会分析和评估不同类型的角色期望，以及角色扮演的行为规范，从而影响自我行为的干预，规范内化程度。

（三）高职生顶岗实习的角色学习

人物角色学习就是指社会成员把握理想人物角色的行为规范和专业技能，提升自己的人物角色思维能力，减少与理想人物角色差异的流程。人物角色学习是人物角色掌握的更进一步深化和发展壮大。掌握和把握理想角色的认知能力和行为准则，更贴近外部社会制度提出的角色期望，[1]缩短学习环节与扮演角色的差距，是自己了解和掌握理想角色行为准则的基础。不同角色的角色学习大多不同，这主要取决于不同社会角色的差异。但总的来说可以分为两类：一类是角色需要学习的"硬件"能力，即角色的权利、责任和行为标准。这不是基于角色扮演者自身的素质和能力，这是稳定的。另一类是角色需要学习的"软件"能力，即角色的态度、感知和情感，这对于感知角色的模仿行为具有重要意义。以高职学生为例，在企业参加实地工作不仅要了解相应的专业岗位职责和规定，认识和培养相关的职业精神、思想、感情等，学习和发展自我提升的方法和能力，并根据外界对角色的期望和规范不断调整和发展相应的角色感知、行为和情感，逐步成为一名合格的值班实习生。

　　由于高职学生参与社会活动，高职实习生的角色学习也是一种社会学习，与社会学习有一定的相似性，但也有相应的独特性。首先，角色学习是整合的。因为角色本身就是在对应角色环境下的不同行为组合模型的一个整体，因而其自身不仅应该具备相应的角色意识、态度和行为能力，还应该具备实现多种社会活动条件的整合，前者本身为角色作为控制规则本身，后者则要求自身与相应领域的社会团体或组织实现持续联动。例如，高职实习生的角色不仅要掌握最基本的角色认知和行为，还要能够在不同的领域环境中做出恰当的行为联动。其次，角色学习具有联动性，主要是指角色学习是在社会联动的相应环节中形成的。角色之间是个人与社会、社区、他人等相互之间的互动，从而导致高职学生参与社会实践的环节可以更加清晰地认识到角色扮演的能力规则和行为态度，以及在与外界的交互中不断更新链接现有架构信息。最后，角色学习具有连续性。这主要表

---

[1] 矫辉.21世纪高校校长价值优化问题的研究 [J] .中国优秀博硕士学位论文全文数据库（硕士），2004.

现在两个方面,一是自身在参与社会联动的环节往往同时身兼多个角色,如高职学生参与工作,不应该只遵守公司的工作安排和制度规定(角色),做好高校教学安排(学生),高职学生必须符合不同角色下的规定。二是随着现场环境的变化和发展,外界将对不同的角色提出新的期望和规定,既要满足当前的角色学习,又要有对终身职业学习的认识,加强相应的职业能力规划。

(四)高职生顶岗实习的角色实践

角色实践是角色扮成者在外部社会系统的角色期望和本身角色领悟的基础上,在社会生活中所现实践行的角色。角色实践是本身基于外部角色期望和内部自我感知来创造角色的环节,也是角色领悟与角色学习的进一步延伸和发展。由于本身对自我角色领悟的差异及各种主客观条件的不足,其角色实践行为不尽相同,但基于角色的客观性特征及相对稳定性特征,本身所认识及践行角色规范的自由度有限,因而处在同一个场域环境内,担任同一角色身份的角色实践行为也有较大的相似性。

在职实践既具有教育意义,又具有专业性。它不仅是高职院校人才培养的重要组成部分,还需要企业和其他实习单位共同完成,是校企合作的重要形式。高校高职学生参与企业实践,意味着承担新的角色身份,是新角色如何常态化,即高职学生的角色行为能否满足角色期望,满足角色规范。但职业院校学生在角色理解、角色学习和角色实践等行为特征上存在相应差异。尽管高职学生的自我角色认知和角色期望相对一致,但由于主客观条件,他们在角色实践环节仍可能面临困难和障碍。因此,一般来说,高职学生在角色行为实践环节会表现出角色协调和角色错位两种状态。根据角色理论,实践某种角色行为并完成角色实践并非一帆风顺。由于外部原因和自身原因,经常会遇到角色实践障碍,甚至角色失败。虽然有些学生的角色规制不重,但仍受制于时间、地点、实践环节的不足,参与各种不同的角色,而且每种角色也有自己不同的职责,高职学生要在时间和精力上完成社会角色多元化提出的相应规定,此时便容易产生性格不协调的问题。

在角色实践环节,这类角色行为障碍学生在参与岗位实践环节容易出现角色紧张、角色冲突、角色错位等问题。根据角色理论,在面对角色行为障碍时会完成自我角色调整。角色调整是基于对角色的理解,并通过对角色的实践来完成调整。消极角色调整主要表现为打断角色"表演"或逃离角色"舞台",即高职学生以消极工作甚至离职等极端方式处理角色无序问题。而积极角色调整的目的是通过调整和发展自我认识、角色心理和模仿能力,发挥主观能动性,适应现场环境。当他们主动完成角色调整时,有利于促进其角色行为适合角色期望和规范,并逐渐形成对角色着装的积极价值认同和认知归属,从而帮助他们顺利地装扮成社会角色并完成角色适应。但角色适应的结果并不固定,因为角色具有实用性、社会性、发展性等特点,随着外部环境的发展而变化,其角色、角色、规范相关的角色期望等也随之发生变化,从而按照规定的角色面对新角色,完成对新角色的期望、理解和学习,并在角色实践环节,伴随着角色行为的不协调进行自我行为调整,从而逐步完成新角色的适应。

四、高职院校毕业生顶岗实习角色适应的对策建议

(一)调整角色定位,适应职业岗位应当

在踏入新角色之前,自己要做好角色的充分准备,了解角色的行为标准和社会期望,结合自我知识和能力素质,对角色有一个合理的定位,对顺利扮演新角色有帮助。起初,在实习工作中,学生对学习的兴趣和发展

动力很高，随着工作的重复性和枯燥感逐渐显现出来，现状与学生心理差距预期会形成不良行为体验，因此，高职学生应提高对角色的准确认识和把握，充分发挥角色的责任感和行为价值，以适应高职学生的职业行为。职业岗位发展的要求。其自身角色行为的形成与发展，不仅受其自身内在角色心理的主观影响，还受其自身职业行为表现能力的影响，因此笔者从自身角色行为的发展两方面入手。

一方面，要注意角色实现的心理特征。一是形成良好的角色认识。职业院校学生应加深对复杂领域环境中所扮演角色的职责、规范和责任的认识和理解，完成对所接受的概念信息的重组、内化和应用，从而发挥相应的引导作用。在相应的角色练习行为中。作为实习生，要明确不同角色的使命和责任，了解角色所包含的规范和规定，根据角色定位和规定调整自己的思想和行为。二是明确角色意识。职业大学生应将自己融入角色，内化成强烈的角色装扮意识，将更高层次的职业目标的追求和实现转移到自己想要装扮的角色中，融入角色实现的有效和强烈的动力，从被动的角色装扮转变为主动和动态的角色实践。三是高职生要随着外场环境的变化，及时更新和调整自己的观念和知识体系，准确把握角色的内涵，实践相应的角色行为，确保角色的实现。

另一方面，要注意角色实现的行为表征。首先，注重性格理解。在社会相关性上，他们应该感知和理解自己想扮演的角色，这也是他们借助角色实现社会化的重要环节。在对实习生角色的认识上，要明确要履行的规范和职责，要达到的目标，特别是随着工作的迁移或变化，要重视为自己提出新的规章制度，加强对角色的认识，实现有效的角色转换。其次，提高你的角色穿衣技巧。为参与实践，履行相应角色的职责，职业院校学生应具备认知能力、心理能力、活动能力和体验能力。职业院校学生的角色技能越高，角色的适应性越强。不同专业岗位工作各有特点和规律，随着社会发展和经济形势的变化，其内容和规定也会相应调整。对于高职学生来说，单一的专业技能是不足以满足专业发展的，不仅要有专业的口语能力，还要熟悉合作沟通、信息处理、创新实践、逻辑分析等各方面的通用能力，只有通过不断发展高职学生的角色技能，提高职业素质，才能高效完成工作，实现新旧角色的顺利转换。

（二）重视心理疏导，提高角色构建动力

实习工作是高职学生从职业院校向社会转型的重要阶段，当代高职学生往往对实习工作的工作和生活的认知较为理想。工作要形成相应的心理情绪，而心理情绪本身应该是能否满足情绪体验。积极的心理情绪会促进自己在参与实践活动中的理解和成长，而消极的心理情绪会阻碍自己的发展，甚至会导致行为中断和角色着装退缩。因此，优化高职学生在岗实习的心理环境，对促进自身角色的积极建构具有很大的促进作用。高职院校要积极做好学生的心理干预和辅导工作，有利于学生积极调整心理情绪，提高构建角色的积极性，为顺利从大学学习过渡到专业实践，构建工作职业性格奠定基础。

为缓解高职学生在实习期间的心理不适，增强其角色建构的积极性，高校应在人才培养环节做好学生职业心理建设的预防工作。首先，应在高校教育教学环节，重视职业发展规划和指导，通过开设专业课堂，让学生了解职业发展事关社会发展，了解职业发展提前引导趋势，完善职业生涯发展规划，提高参与实践的心理承受能力，学会帮助他们通过实践适应职业性格，树立良好的职业价值观和健康的心态。其次，高校要加强心理健康教育，增强学生的职业心理归因。高校应整合教育资源，调整教学安排，提高心理健康教育在教育教学中的比重，借助设计学生决心、职业道德等基础活动内容，让学生在实践中体验活动，加强职业心理建设，提前感知和适应外部环境的变化。

高校要结合班主任、辅导员、实践指导员等岗位实践，完成多方位的思想教育和指导，正确引导高职学生对工作有清晰、正确的认识。岗位实践及其角色，以促进其在岗位实践中角色心理和行为的转变。在岗实习前完成岗前教育，将职业实践活动融入学生课堂，让学生在参与职业实践环节了解职业发展。借助岗前会议的形式，明确岗前实习的目的和规定，增强学生的职业责任感和使命感。引导学生正视实习中的挫折，提高挫折承受能力；加强学生对自身情绪和性格的调整，学会正确处理人际关系；缓解学生的浮躁心理，正视岗位能力发展。实习期间，高校要及时跟踪实习情况，实行动态管理模式。班主任、导师要及时了解和帮助实习生在心理情绪、能力培养、人际交往等方面的问题。职业院校应主动与企业沟通，了解学生参与工作实践现状，教师与企业应做好协同工作，帮助学生缓解面对工作的不适和焦虑，提高学生对自身专业水平的认同，完成对学生专业能力和素质的具体指导，增加角色构建动力，促进角色适应发展。

（三）深化教学改革，提升岗位适应能力

高职院校不同于普通高校，它顺应市场经济的发展，面向行业，面向社会，以培养高素质的应用型人才为目标，具有专业性和实用性的特点。因此，高职院校要深化教学改革，加快高职学生的角色转变，从多维度、多角度提高学生的综合能力和专业素质，适应岗位的变化和发展，确保实习人才的培养质量。

因此，要根据学生能力的发展开设综合教学班。首先，根据学生心理发展，整合课堂知识结构，设计专业教学内容，在组织的帮助下完成一体化教学模式，培养学生多层次的能力结构和素质要求。教学班集理论学习与实践练习于一体,在校内完成实训,模拟企业环境,模拟岗位工作练习,以小组合作的形式完成工作任务,培养学生的综合能力实践操作环节的团队合作、人际沟通、组织协调。随着专业教学的推进,增加实践活动的难度,多方面考查学生的综合能力,让学生从实践活动中感受工作模式,提高抗压抗挫能力,学会适应心理焦虑等问题。其次,以行业需求为导向,建立整合能力培养体系。高职院校要顺应社会产业发展,以企业定位为基础,课堂教学设计要结合实际,课堂内容要实用、有价值。高校应深化与企业之间的交流与合作,了解企业应岗能力,把握行业发展形势,及时调整教学内容更新,将教学设计与岗位核心能力、学生实践能力与职业发展联系起来计划,也可以邀请行业专家进驻校园,将新的行业发展视角和入职信息融入教学,帮助学生从认知、心理、能力等方面为角色做好准备,促进角色的顺利转变。最后,加强高职学生职业素质教育,在专业教学中注重职业精神的培养,通过体验式培训、文化熏陶、情境教育等多种方式,培养学生正确的职业价值观。通过整合优化教育教学资源,充分发挥职业素质教育的全过程性、发展性和针对性,强化课堂教学中角色模拟、情境实现、案例分析等教学方法,发挥学生的主体性,提高学生能力发展的有效性,进而提高学生的岗位适应能力。

（四）加强实习培养,推动学生角色转换

实习企业作为岗位实习的主要活动场所,是顺利完成岗位实习的重要载体。企业通过为学生提供专业的实践平台和计划,使学生能够有效地将理论知识应用到实践中,[1]使学生不仅能获得相应的专业技能,还可以在沟通、表达、群体合作、融合等方面得到锻炼。然而,在实际运作的环节中,企业往往以营利为目的,无法正视人才培养实地工作的重要性,重视短期

---

[1] 林觐民,俞慧娜.关于开放式大学生实习和就业技能训练基地建设的实践与研究[J].出国与就业：就业教育,2010.

利益而忽视职业教育给企业带来的企业的长远发展，公司企业在管理组织、实践环节引导、人文关怀与实地工作人才培养等方面实现协调发展，从而影响高职学生职业能力发展，不利于他们的职业发展。因此，企业应加强和优化实习中的人才培养，促进学生的角色转变。

首先，企业要摒弃经济效益等问题。从教学和人才培养的角度高度重视在岗实习，正确对待在岗实习生的作用，并要求其严格遵守规章制度。使学生的基础知识和环境适应能力得到充分锻炼。实习期间，学生宣传公司的文化价值观和专业理念，培养实习生的主人翁精神，在参与集体实践活动的同时，锻炼学生的合作、沟通等专业综合能力。规范实践内容，加强实践指导。企业应根据高职院校人才培养计划合理安排实习培训。明确指导实习岗位的工作范围、目标、职责和内容，做好实习前的准备工作。根据学生的专业特点和学习内容安排不同的实习岗位，使学生在实际工作环节中促进基础知识和实践能力的发展。职业培训实地工作与在校园里工作不一样，它为学生提供进入真实工作环境的完整"真刀真枪"的工作实践，因此学生在工作体验中经常会遇到环节多样化和复杂的问题。鉴于此，实习企业应及时按照学生在工作中的思想认识、心态、能力发展等具体情况完成专业指导。面对高职学生在实践中的消极体验，要及时完成个性化调整，重视高职学生职业发展中的困难，并给予相应程度的人文关怀。

其次，落实企业导师的"师傅"作用。在岗位实习中，公司通常会派出一名指导师傅负责实习生的培训和指导。指导师傅不仅传授具体岗位的知识和技能，而且在实践和操作中对学生的职业思想、职业道德、行为习惯等方面产生影响。因此，企业应科学选择实习导师。企业导师不仅要具备较高的专业技能和丰富的实践经验，还要具备较高的基本素质和文化品德。为完成实习生在工作实践环节的能力和心态问题，应采用言传身教的形式。真实环境中的教师可以潜移默化地影响实习生对基本素养的认知，进而内化为相应的职业行为。

（五）健全连接机制，提升校企联动合力

当学生从高校步入企业，从课堂学习向岗位实践过度时，校企之间的合作与联系对于高职学生能否成功践行新角色、激活职业教育培训起着非常重要的作用。作为校企合作完成实践教学的重要途径，岗位实践对于培养学生的专业能力、整合学生的素质、塑造正确的专业价值观具有重要意义。❶因此，要改善校企关系，增强校企联系。首先，从文化渗透的角度完善校企对接机制。职业院校要深化学生"企业"教育。学生根据市场发展趋势和岗位需求，设计人才培养方案，将企业管理文化、运营体系、发展目标等内容融入课堂教学内容，培养满足需求的应用型人才。参照企业的产品生产或服务运营内容，课堂教学内容将项目化，学生的整合能力模块化，根据不同模块的能力，在不同的项目中实施教学。高职院校还应积极引进企业入校，实现双方文化氛围、管理体制和培养方案的零距离对接。高职院校也可以积极发挥人才和场地优势，与企业充分合作，让学生融入其中，在活动和实践环节逐步适应学生的进入。其次，从技能实践出发，完善校企衔接机制，高职院校应开展学生"专业化"教育。高职院校要贴近公司业务发展，制定严格的责任追究规定，将企业岗位规范，特别是将所从事的工作、遵守制度和职业道德等纳入考核内容，提高在实地工作考核规定中企业考核评价权重，使企业积极参与实地工作，提高学生对在职实践的重视。最后，从职业道德出发，完善校企联系机制，加强学生"德"的培养。提高实践指导教师在言传身教中的作用，加强师德教育，让学生在实践指导教师身上学习实践技能，提高工作实力，同时潜移默化认识和

---

❶ 姬素云.高职院校实训基地建设现状分析[J].河南农业，2011.

学习相关的专业理念和职业道德。高校也要强化学生基本文明、爱岗敬业精神，履职尽责，不断完善所含内容，借助各种活动形式激活职业道德教育，做到敬业、专业、快乐职业精神内化，并在企业的实践环节中符合企业规定、职业道德的言行。

第四章　高职院校毕业生顶岗实习期间的思想政治教育工作

一、高职院校毕业生顶岗实习期间的思想政治教育概述

（一）思想政治教育的内涵

1.思想政治教育具有国家专有性

对于思想政治教育来说，其为我国为社会本有制度提供维护、实现政权的巩固、促进秩序的稳定以及推动社会以及个人发展的一项重要活动，其涵盖国家的意志，在国家性以及阶级性方面的特点表现突出。对于思想政治教育此种类型的社会活动来说，其出现在形成国家之后，具体来说其为阶级社会发展过程中形成的一种产物。在社会当中形成了阶级之后，国家便会开始出现，在此基础上也会出现相应的思想政治教育活动。国家还未形成之前社会当中没有阶级之分，也就是所谓的原始社会。在原始社会当中拥有着为社会提供服务而开展的教育活动，该教育活动的主要作用是加强生产经验以及社会规范的有效传播，其并不被划分在特定的集团中，其涵盖的是社会群体的整体。原始社会存在相应的社会规范，此规范也具有较强的严肃性，拥有相应的强制力，但基于原始社会出现的社会规范是不叫作法律的，主要原因是此类规范并不是为专门的阶级或者集团提供服务的，其存在的主要意义是对社会以及集团的存在起到相应的维系作用。此类规范的维系不需要国家机器的支持，其维系主要源自社会风俗习惯。

在阶级国家形成之后，才拥有了能够对阶级利益提供强有力维护作用的国家机器，进而形成了能够彰显出阶级意志的法律。

法律被叫作法律的主要原因是其可以有效彰显出阶级意志，能够为国家提供良好的服务，并且其拥有专门的维系法律运行的相关机构，虽然在最开始其不够完善，但其存在是一定的。在阶级以及国家出现之后，教育也开始形成了相应的阶级属性，能够为阶级以及国家统治提供良好的服务。在这个过程中，思想政治教育主要在政权的巩固以及制度的完善方面提供相应的服务。对于此种类型的教育实践来说，其在最初并不会被人们叫作思想政治教育。所以，在阶级以及国家出现以后，思想政治教育才应运而生，其出现和国家是共同的。

思想政治教育专属于国家。对于思想政治教育来说，其除了在阶级以及国家在出现之后才形成，其同时也是国家专属的，具体来说就是在国家的领导下才能够开展思想政治教育的相关实践活动。国家为统治阶级开展阶级统治过程中的有力工具，其能够充分彰显出统治阶级自身的意志，而另外的社会组织开展的活动是不被称作思想政治教育的。另外的社会组织没有权利开展思想政治教育的主要原因是此项活动的开展需要拥有国家权力给予的支持，在国家的支持下，思想政治教育才具有正当性以及合法性。国家权力在应用期间，一定不能缺少具有权威性的思想政治教育工作。思想政治教育具备权威性的特点除了是因为其拥有国家权力给予的支持之外，其自身也被包含在权威当中。对于思想政治教育来说，其能够在社会制度的维护、国家政权的巩固等方面发挥非常重要的作用，另外，其在推动社会以及个人发展过程中也能够发挥重要的效果，基于国家的指导下的社会组织，其自身具有相应的思想政治教育任务以及责任，然而其并不具有随意开展此种类型活动的权利。所以对于思想政治教育来说，对于社会制度的维护以及国家政权的巩固是其最重要的使命。

思想政治教育是随着阶级国家的形成而出现的，其能够在阶级统治的维护方面发挥非常重要的作用。也就是说此种类型的实践活动和国家是共同存在的，国家在，思想政治教育就在。基于此种意义层面而言，思想政治教育和法律之间是存在许多的相似之处的。阶级与国家存在，那么对其进行维系的工具自然也不会消失。反之，阶级与国家不存在了，那么维系阶级及国家的工具自然也会失去。如果这一天真正到来，那么虽然社会规范以及人群没有消失，但这个时候的社会规范主要是针对社会整体利益起到相应的维系作用，对于一小部分人的利益反而会失去维系作用，此时人们自身的自觉性将是非常高的。虽然这一天的到来需要很长一段时间，但如果阶级以及国家不存在了，那么此种达到理想化的社会景观是一定会到来的。

2.思想政治教育有着较强的国家意志性

思想政治教育有国家共有性以及差异性。对于思想政治教育来说，其出现与国家的形成是同步的，此种类型的活动为国家专有，从一定程度上来说，国家存在那么此种实践活动就不会消失。除此之外，虽然国家不同，其阶级属性之间存在着较大的差距，国家的意志内涵方面也存在着较大的不同，但其共同之处就是都需要此类活动维系国家的意志。古代社会，思想政治教育确实存在，当前阶段的社会同样也含有此种类型的实践活动。此类实践活动开展的形式既有显性的也有隐性的，但其在实质方面几乎是相同的，不但需要能够维护自身的政权稳定，同时也需要为既有的社会制度提供强有力的保护。例如学校开展的教育，美国在教育方面进行了通识课的设置，为了能够将学生培养成"好公民"，对学生开展多方面的教育，如思想教育、政治教育以及价值观教育等，采用此种方式培养学生的爱国情怀，提高学生的爱国意识；韩国在学校的教育方面进行了伦理、道德以及人文等学科的设置，此种类型的课程在思想政治教育方面所表现的功能都是较为可观的，可以将其看做韩国高校开展思想政治教育工作的重要载体，主要目标是让学生在懂得道德规范以及相关规矩的基础上，能够形成较为良好的公民意识以及国家意识。同时，思想政治教育的一个重要内涵就是帮助学生提高自身的道德判断能力，从而从整体上增强自身的道德品质，利用学校开展的教育工作不断提高学生自身的爱国精神以及民族自信心。从实际的角度来说，国家不同，其自身的意志也是不一样的，同时各个国家对于自身意志彰显而开展的教育活动在开展形式以及应用途径方面也存在较大的差异，而正因如此，才能够更好地体现出各个国家的意志。

思想政治教育具有阶级性以及社会性。实际开展的思想政治教育工作需要能够将国家自身的意志有效体现出来，具体来说就是将国家的主张、利益以及要求充分体现出来。这里所说的各方面体现，其核心就是在国家制度的维护方面发挥良好的效果，为政权稳定提供相应的保障。如果实际当中的主张、利益或者要求只表现在制度以及政权的稳定方面，缺少针对政权以及制度在稳定以及巩固方面的工作，那么国家利益是不能够得到有效的保障的。以上所述便为思想政治教育自身具备的阶级性特点。

除了拥有阶级性的特点之外，思想政治教育在社会性方面的内涵表现同样较为突出，对于其具有的社会性特点来说，其要求主要表现在以下两个方面。一方面，如果统治阶级享有的国家政权，那么从实质上来说其便拥有了社会本有的组织管理功能，这当中涉及的内容包含了相关维护人自身的生活条件以及其他一些相应的社会管理事务，其主要采用的形式是代表社会同时以社会的角色开展相应的管理工作，所以需要能够将相关意志以及利益方面的要求给予充分的贯彻和落实；另一方面，社会管理是国家众多任务当中的一项重要内容，只有保证社会得到很好的管理，才可以真正体现自身的意志，思想政治教育同样也需要在社会稳定方面给予足够的重视。所以说，基于统治阶级利益而开展的思想政治教育工作，除了要能够在实践中为自身阶级利益提供强有力的维护之外，同样也需要在社会利益方面给予足够的重视。

（二）高职院校毕业生顶岗实习期间思想政治教育工作特点研究

1. 思想政治教育工作阵地从校内转向企业，环境复杂化

参与到顶岗实习的高职院校学生，其生活以及学习场所从最开始的学校转化成为校外企业，从最初的课堂转化成为工作岗位。其学习方式也从熟悉的理论学习转化成了实践操作，发生了很大程度的改变；在生活当中接触的人和事物和之前相比也有了很大的不同，从老师以及同学变成了师傅以及同事，在日常生活中交往的对象也是社会人员，其所在的环境发生了翻天覆地的变化。处于新环境中的学生，平时对其产生诱导的因素也在很大程度上增加了。学生在顶岗实习期间，和外界社会之间的接触变得越来越密切，在整个过程中外界环境对其产生的影响也会更加深远，社会思潮以及人际关系等相关因素无论是在学生的思想、心理还是行为方面都会造成相应的冲击，该冲击既可以为正面也有可能为负面。基于此种情况，实际开展的思想政治教育工作也需要逐渐从最开始的学校内部逐渐转到企业，而相关的施教人员其在工作开展过程中应用的方式以及内容也会发生比较大的变化，需要相关的教育人员能够注重学生当下在生活以及思想等方面的具体情况，不断加大力度对学生开展正面教育，帮助学生能够形成良好的人生观和价值观，从整体上提高学生在顶岗实习过程中所开展思想政治教育具备的针对性。

2. 思想政治教育队伍得到了扩大，师资多元化

在顶岗实习过程中开展的学生管理工作，绝大多数的学校都会采用教师驻点指导以及定期派遣指导教师的方式，同时也会采用更具现代化的方式，例如，利用电话以及网络等渠道来开展指导工作。学校在教育的过程中主要负责为学生提供理论指导以及开展相应的思想政治教育工作，而企业在这个过程中主要负责的是做好学生技能的培养工作。随着时代进程的不断推进，当前阶段应用的此种分工模式已经无法满足时代发展背景下顶岗实习期间学生的管理工作实际需求，在这样的背景下，学生开展思想政治教育的方式产生了相应的变化，当下的企业积极加入到学生的思想政治教育工作当中，针对员工开展的教育有效融入一些实习生的管理以及教育，在此种状况下，思想政治教育工作队伍产生了相应的扩大，从最开始的学校专职教师逐渐转变成为企业领导干部、师傅以及同事等，这样背景下的师资更具多元化的特点。通常企业会将企业精神以及社会通用价值观作为核心内容，将其与企业文化有机结合在一起，落实思想政治教育工作，在此项工作开展的过程中鼓励全员参与其中，坚持以人为本的原则，不断提高企业的凝聚力，从企业的生产经营出发，将保证企业的经济效益作为最终的目的，能够从思想以及政治方面为企业的社会存在提供强有力的支持。

3. 思想政治教育工作内容更加丰富

通常来说，企业开展的员工思想政治教育主要包含了以下四个方面：

第一，基于党的政治组织要求的思想政治教育。此方面的思想政治教育如马克思基本理论教育以及世界观价值观教育等，这一方面的教育为党组织团结统一的必然需求，为党组织巩固自身地位以及充分发挥自身指挥作用提出的必然要求。

第二，基于政府的行政组织的思想政治教育。该层面的思想政治教育例如经济发展形势教育以及民主意识教育等，此方面的教育内容为国家以及政府的需求同时也是要求，是政府部门为了能够实现社会的和谐，加强民众法治意识培养而拥有的一种社会意识，此思想政治教育一定是需要针对各组织以及各团体给予普及的，这同时也为人民群众提出的迫切需求。

第三，基于企业以及单位的思想政治教育。该层面的思想政治教育包含了企业文化教育以及法治法规教育等，在这当中同时也包含了企业在日常生产经营过程中所开展的思想教育，此方面的思想教育围绕着企业自身的需求展开。对于一个组织来说，其要想能够得到持续稳定的生产以及运行，就一定要保证能够拥有完善的规章制度，在该规章制度的作用下，对相关管理人员以及企业人员产生相应的约束效果。同时在实际生产运营过程中，能够针对员工开展相应的思想政治教育工作，以此来实现员工与员工、员工与企业之间的稳定及团结，这样才能够有效协调组织当中存在的矛盾之间的关系。对于企业开展的管理工作来说，思想政治教育作为其有效手段以及重要途径。

第四，针对"问题"职员开展的思想政治教育工作。要想能够保障企业的生产效益，或者是能够有效提高员工在生产过程中表现的积极性，企业需要能够针对企业内部在精神或者心理方面存在问题的员工开展相应的思想政治教育工作，但该层面的思想政治教育只适用于情节较轻者，以此来促进职工之间关系的协调，这对于提高企业的生产效益来说是非常有利的。

以上这些都是学生在学校内部不容易学习到的，如果处在具体的岗位以及环境之外，是很难进行模拟的，是学校无法提供的一种层面的思想政治教育。

4.思想政治教育工作管理体系更具复杂性

当前阶段落实的校企合作顶岗实习模式能够有效满足社会发展的需求，同时也能够为企业供应人才，对于满足学校综合实践教学平台的搭建同样具有非常积极的意义。然而从总体情况来看，校企合作顶岗实习也造成了一些思想政治教育工作方面的问题。高职学生在顶岗实习过程中，思想政治教育在阵地方面发生了相应的变化，从最初的学校转变成了企业，这对学生思想政治教育工作开展的效果会产生相应的影响。在学校与企业的合作管理模式方面进行更为深入的探索，从原则的角度上来说还需要遵循"教育为本，德育为先"的原则，针对顶岗实习学生建立相应的思想政治教育体系，同时加强对该体系的创新及完善，在开展人才培养的过程中积极融入社会主义核心价值观以及正确的文化理念，这对于增强学生自身的思想品德以及政治修养来说是非常有利的。在实践中不断增强育人的效果，这样便能够保证实际所开展思想政治教育工作具备的实效性以及针对性的特点，推动学生的全方位发展。采用此种模式，除了需要在实际开展思想政治教育工作管理过程中更好地贯彻学校的教育理念之外，也需要在其中积极渗透企业在教育方面的相关内容，所以说在顶岗实习的过程中，高职学生的思想政治教育管理体系在复杂性方面的特点表现较为突出。

二、高职院校毕业生顶岗实习期间的思想政治教育工作现状

（一）高职院校毕业生顶岗实习期间思想政治教育存在的问题

针对顶岗实习的相关指导老师、实习单位的相关管理人员进行访谈，探讨顶岗实习思想政治教育开展工作的整个过程，发现在以下几个方面存在相应的问题。

其一，企业以及学校的老师觉得学生自身具备的吃苦耐劳精神存在相

应的不足，只要工作有一点辛苦，就很容易放弃，一些大学生在公司实习的过程中经常会编造各种理由而逃避实习，使其实习课程很难合格。

其二，企业觉得学生在工作的过程中并不具备足够的主动出击以及积极创新精神，在实习时间达到半个月左右时，一些学生的激情开始逐渐褪去，实习单位布置下来的任务，学生们不能够以一个正确的态度去完成，经常会出现推诿或者消极怠工的现象，这对于企业正常的生产以及运行造成的影响是较为不利的。

其三，一些公司和学生觉得学校本有的相关顶岗学习管理机制缺乏相应的系统性，相关的指导教师在指导过程中应用的手段以及方法不够有效，同时专职的思想政治教育工作者常常不能够参与到一线落实工作，不具备健全的思想政治教育队伍，同时不具备良好的合力，在顶岗学习过程中针对学生开展的思想政治教育工作常常会出现疏漏，这对教学以及学生成熟思想的形成产生了不利的影响。

其四，一些老师以及学生觉得部分单位本有的管理制度不够完善，这些单位将实习学生视为企业员工，并没有足够合理的培养及考核机制，此种现状的存在使学生对企业的管理不认同，导致其不能够坚持到最后。

其五，一些教师觉得部分家长在学生顶岗实习工作方面给予的支持和鼓励不够，存在一些家长反对自己的孩子顶岗实习，对学校的信任度不够，想要自己为孩子寻找相应的实习单位。

（二）高职院校毕业生顶岗实习期间思想政治教育存在问题的原因

1. 学校环境因素

学校相关的管理层针对工作体制方面开展的调整工作不够及时，本有的课程体系无法满足人才培养方案变化的实际需求。我国在大学生思想政治教育行政管理方面主要落实的为三级管理体制，其涉及较多个部门，例如，党与国家行政教育部门，对于大学生开展的思想政治教育工作来说，学校才是其最主要阵地，通常会采用课堂教学教育以及课外活动等形式开展此项工作。通常来说，高校本有相对健全的思想政治教育课程体系以及培养方案，针对思想政治教育的内容来说，主要包含了三观教育、公民道德教育、素质教育以及民族精神教育几个方面的内容。

一直以来，学校所设置的思想政治理论课对于课程的设置、课时的分配以及教材的编写方面都需要国家给予监督和控制，应用此种模式较为适宜将公有制作为主体的计划经济体制，基于市场经济条件，因为所采用的管理方法不具备较强的灵活性，造成实际开展的课程不具备针对性等问题。因为多个方面因素的影响，顶岗实习过程中针对学生开展的思想政治教育工作存在较大的难度，学生在这个过程中除了需要正常完成工作以及学习任务之外，也需要不断提高自身的思想政治素养，所以对于时间方面来说比较紧张。同时，顶岗实习的整个过程也具有较强的分散性，具体开展的思想政治教育工作不能够基于企业以及学校集中开展，高校思想政治教育理论课各方以及各级干部都各司其职，各自管好自己的同时互不隶属，此种状态导致实际开展的理论教学、研究以及实践等工作之间产生脱离，此种模式下的课程体系具有较强的局限性，具体开展的大学生思想政治教育过于简单或者说是较为生硬地灌输，开展专业课的教学期间，教师将注意力都集中在专业知识的灌输方面而对于潜移默化育人效果给予的重视程度却不够，与当下具体开展的顶岗实习在联系方面并不密切，因此并不能够为学生的思想政治教育提供更为有效的指导，并不具备足够的针对性。此外从拥有的考核机制角度来讲，并没有具有足够规范性的体系，这对于大学生思想政治教育的高效开展会造成相应的限制。所以，为了能够更好地提高大学生顶岗实习过程中思想政治教育工作开展的效率，使此项工作具备的实效性能够得到整体上的提升,就一定要加强体制以及观念的创新,保证对课程体系设置的合理性,所应用的人才培养模式具有较强的适用性,这样才能够更好地发挥思想政治教育的实效性以及长效性。

针对学校教师层面的工作来说,其所遵循的理念比较落后,在实际应用的思想政治教育方式手段方面开展的研究工作不够深入。对于学校教师来说,其作为针对学生开展思想政治教育工作的重要载体,肩负着教书以及育人两个方面的责任。在当前阶段的大学教师中,重教书而轻育人的情况是比较常见的,特别是在顶岗实习期间,实习队长以及指导教师通常都是专业课的教师,虽然其在专业指导方面有着较强的能力,但其针对学生开展的思想政治教育以及对于相关事务的协调方面拥有的能力还是匮乏一些。和专业学生思想政治辅导员相比在教育学生的应用的方式以及工作理念方面仍然存在一定的差距,同时辅导员对在外实习学生的思想情况没有一个充分的了解与把握,因此在所开展的思想政治教育方面无法做好前瞻性的工作,通常在问题发生之后才开始制定相应的解决措施,此种现状的存在对于学生实习以及校企合作关系方面产生的影响是较为不利的。

学校与学生家长缺少相应的沟通交流,这对学生思想成熟产生的影响是较为不利的。学生的外出顶岗实习需要获得家长的理解及支持。当前阶段的社会普遍为独生子女,学生在学校当中开展的活动是受到了学生家长的广泛重视的,顶岗实习是一项非常重要的实践活动,学生进行学习的场所从最初的校内转化到的校外,变成了企业以及工厂,实习的时间是很长的,在整个实习的过程中或多或少都会存在相应的安全隐患,同时学生也比较容易产生思想问题,学校往往会忽略了和学生家长之间的有效沟通,仅依靠学校针对学生开展的教育一定是不够的,特别是针对学生的思想政治动态方面,顶岗学习学生在最初往往会存在不适应或者是浮躁等一些负面的心理，在这时如果缺少对学生的开导，那么要想高效地完成顶岗实习任务是存在较大的难度的，所以会对自身在思想方面的成熟产生不利的影响。针对此种情况，需要学校能够与学生家长之间积极展开沟通和交流，同时学校也应该更为主动地去和学生家长展开联系，能够密切关注到学生在顶岗实习期间的情况，一旦发现问题可以及时解决。

学校在顶岗实习期间开展的思想政治教育工作方面拥有的相关机制不够健全。为了能够更好地完成所制定的发展目标，就一定要针对每一个方面的责任给予明确和落实，在此基础上将绩效考核评价机制具备的导向作用充分发挥出来，这样才有利于实现通过评价来促进改正，通过评价促进建设的最终目标。但经过深入地了解之后能够发现，一些学校在顶岗实习过程的学生开展的思想政治教育工作本有的考核机制并不健全甚至不具备任何考核机制，在无机制的情况下针对思想政治教育工作的效果只能够采用定性判断的方式，缺乏相应的量化指标，而负责开展思想政治教育工作的相关企业、学校以及教师在自身应尽的在职责以及采用的方法方面并不明确，其自身的主观能动性并没有得到有效的发挥，通常只有在问题发生之后才能够制定相应的措施给予解决，同时也无法针对各参与方发挥激励效用，这样顶岗实习过程中学生就更加容易在思想方面产生相应的问题，同时该问题也会更加具有严重性。

2. 社会环境因素

一方面，企业在针对学生顶岗实习过程中开展的思想政治教育工作所应用的方式方法缺乏合理性及有效性。根据相关的调查结果表明，有许多实习生在顶岗实习期间只是受到了岗前培训，只有一小部分企业采用了竞赛以及文体等方式开展了思想政治教育工作，其余企业普遍缺少此种类型的活动。在此种形式下，学生在结束实习之后常常会对学校的教育理论表示怀疑，此种现状的存在和学生在企业实习过程中学习到的内容具有局限性、企业对实习学生给予的重视程度不够等因素存在着非常密切的联系，企业将目光都集中在用人方面却忽略了育人，企业相关管理者自身具备的理念无法高效针对实习生开展思想政治教育工作，缺少高效手段以及方法的应用。

另一方面，基于学生家庭层面的理念没有得到及时的更新，在学生的思想政治教育环境方面并没有给予足够的支持。对于顶岗实习来说，学生自身家庭对自身的支持以及鼓励能够为顶岗实习的顺利开展提供有效的保障。和一些中途停止顶岗学习的学生进行交流，能够发现有许多学生之所以中途停止顶岗学习，并不是自己内心的想法，而是其家长过于担心以及忧虑，包括学生实习环境的安全性以及舒适度等，还有一些家长因为比较担心学生而与学生共同到企业，为学生的工作以及生活提供相应的帮助，如果学生的学习环境或者是生活环境达不到家长的预想，家长就有可能向企业提出停止实习，此类因素都会对学生顶岗实习的稳定性产生相应的影响。

3. 学生自身因素

在实际顶岗实习的过程中，常常在以下三个方面发生相应的问题：

第一，顶岗学习的最初阶段，学生刚刚脱离了学校和家庭，遇到了更多的陌生的社会人，与其之间还难进行有效的沟通，并且也有部分学生刚开始学习被当作为正式员工，导致学生对自身没有一个明确的角色定位，无法很好地适应此种感觉。

第二，学生在学习的最初阶段，因为缺乏足够的工作经验，企业通常会将学生安排到不需要较多技术含量的基层部门中，学生长期开展重复性的工作会对学生原本的期望造成相应的冲击，长时间下去学生便会开始松懈，无法提高对实习的兴趣。

第三，学生在实习过程中如果对于平时的人际关系处理不好或者是其情绪低落，比较容易引起学生在心理健康方面出现相应的问题。根据相关的调查研究能够了解到，有很大一部分学生会在实习期间因为人际关系处理不好而造成情绪低落，常常不能够放低姿态和师傅展开学习以及交流，还有一些学生和同事之间无法很好地相处。

以上思想问题如果不能够给予合理的调整，同时学校以及家庭不能够为学生提供相应的帮助或者引导，就很容易使学生在顶岗实习期间开展的思想政治教育工作最终以失败告终。

三、高职院校毕业生顶岗实习期间思想政治教育工作改进的对策

（一）更新高职院校思想政治教育工作理念，加强队伍建设

1. 更新高职学校思想政治相关教育者的工作理念

现阶段随着顶岗实习针对学生开展的思想政治教育工作从学校内部转到校外，思想政治教育工作开展所应用理念的落后问题逐渐显露出来，基于此，需要相关的思想政治教育人员能够及时更新自身的工作理念。明确而言就是需要将高校所开展的思想政治理论教学研究与大学生的思想政治教育以及管理视为一个整体，针对其开展相应的领导以及管理工作。在开展顶岗实习期间需要在以下四个方面更新思想政治教育所遵循的理念。

首先，将德育作为主要观念，在整个过程中注重社会法律法规方面的教育。我国开展的教育工作应该遵循"育人为本，德育为先"的原则，这同样也为开展大学生思想政治教育工作的一个重要途径。学校内部的教师一直以来都在德育教育方面给予足够的重视度，所以在学校方面并不需要

给予过多的担忧,然而高职学生在顶岗实习的过程中会遇到许多涉及法律的问题。对于深入到企业实习的学生来说,其还有一个重要的身份就是准职业人,其除了需要严格遵循国家的法律法规之外,同样也不能够违背企业的规章制度,所以其在企业实习期间容易遇到很多在学校不会遇到的问题,需要学生能够做到懂法守法。可以从学校以及当地的实际情况出发,挑选当地较为典型的具体法律案例,也可以邀请足够专业的法制教育教师,针对学生开展高效的法律法规教育工作,在学生在企业实习的过程中为其提出相应的法律建议,在坚持德育为先理念的基础上,从实际生活及工作出发对学生进行社会法律以及法规教育。

其次,加强人际关系沟通技巧教育。对于针对大学生开展的心理健康教育来说,教育开展的主要内容就是能够为学生提供相应的服务,可以为学生解除内心的困扰,增强其自身的心理素质,从而有利于学生的健康成长,大学生心理健康教育涉及对于社会的认识以及针对大学生在人际关系方面开展的教育。对于人际关系来说,其为生活当中非常重要的一项内容,同时也是做好本职工作的一个重要基础,如果实际的人际关系处理不当,那么对大学生的工作、生活以及心理健康产生的影响都是较为不利的。而对于学生的培养来说,教师在其中发挥的作用不容小觑,教师在平时生活当中的行为以及举止都会对学生自身的习惯养成产生深远的影响,学生和教师之间针对专业知识开展的讨论,交流人生问题,形成正确的人生观与价值观,养成良好的生活习惯,这对于提高教师的教学效果来说是非常有利的,同时也能够使老师能够更好地感受到自身的价值。

再次,职业规划教育过程中落实责任教育。高校相关的教育者需要能够将学生自身的特征以及社会的实际需求作为主要依据为大学生制定科学适用的职业生涯规划,使学生能够对自身有一个更好的认知,提高学生的职业能力，这对于推动学生个人以及社会的发展来说是非常有利的，所以此种类型的教育实践活动在当前时代发展背景下的开展是切实可行的。针对大学生开展的责任教育工作为高校的相关教育者具有目的性以及计划性的一项培养活动，为德育的一项非常重要的内容。顶岗实习阶段是针对高职学校学生开展责任教育以及制定职业生涯规划的关键时期，同时也是重要途径，深入现场开展学习以及操作，能够使之前学生内部开展的理论学习得到验证，通过实践进行理论的检验，这对于帮助学生对自身有一个更准确的认识，培养学生的责任意识来说是非常有利的。职业规划教育与责任教育两者之间是呈相辅相成的关系的，两者之间能够起到促进对方的作用，为学校相关的思想政治教育者针对学生落实思想政治教育的一个重要时期。

最后，在集体观念教育中加强团队精神学习。从一定程度上来说，个人利益和集体利益之间为辩证统一的关系，后者为前者的重要依托，而对于集体利益来说，其主要表现就是一个集体当中涉及每一个人的利益，两者之间存在着密不可分的联系。团队精神主要为组织内部的相关成员对组织的看法，对组织表示满意或者是认同，能够具有自觉性地将组织的利益看作为重点工作内容，同时能够在实际开展工作的过程中做好自己的本职工作，并积极地和组织的其他成员展开合作，一同奋斗。对于高校的相关思想政治教育工作人员来说，还有一个重要角色就是高校大学生的引路人，所以其需要能够跟随时代发展的步伐对自身的教育观念作出更新，积极加入到学生的团体当中，与学生建立良好的关系，为学生自身观念的形成提供重要的指导，特别是顶岗实习期间，应该拥有足够的团队意识，在工作过程中积极展开团队协作，可以更好地融入集体当中，从整体上提高工作开展的效率，所以说，加强团队精神学习对于保障顶岗实习的质量来说具有非常积极的意义。

2. 加强高职教育思想政治理论课"双师型"队伍建设

针对大学生开展的思想政治教育工作除了为相关思想政治教育工作者以及工作队伍的职责之外，同时也为教师的重要责任。一些相关学者针对思想政治理论课的"双师型"教师表示这样的看法：有着三年或者三年以上的思想政治理论教学经验，在该教育方面拥有足够正确的基础理论以及专业理论，同时拥有非常强的科研能力和教学能力，在此方面获得过许多的专业证书。基于此种概念而言，实际当中的"双师型"教师除了需要拥有非常高尚的道德品质之外，其同样也需要具备足够专业的素质，同时也需要拥有非常强的实践指导能力。在实际针对高职学生开展思想政治教育工作的过程中，教师自身具备的高尚师德对于帮助学生形成正确的人生观以及价值观来说是非常重要的；教师通过对自身具备的足够专业化的理论知识的应用，为学生提供更为良好地指导；根据自身丰富的实践经验为学生开展教学活动，以此来高效地完成高职学生的思想政治教育任务。

从实际的角度来说，完成成熟完善高职院校思想政治教育"双师型"队伍的建设并不是一蹴而就的，而是一个具有科学性以及系统性的过程，对此，需要高职院校能够针对此方面的工作制定完善的职业生涯规划，通过对系统涉及以及内培外引等方式的合理有效应用，不断加强对相关青年教师的引导，使其能够积极朝着"双师型"的方向转型。能够在平时生活当中积极参加培训活动，和企业之间积极展开合作，为教师能够深入一线的实践以及锻炼创造更多的机会，不断提高教师自身的实践能力，丰富实践经验，不断地扩大顶岗实习思想政治教育队伍的规模，教师需要能够和教学融合成一个整体，将理论与实践有机结合在一起，注重案例教学，对传统的思想政治教育理论从整体上进行改变。对于高职学生顶岗实习工作来说，这同样也是思想政治教育相关教师学习以及成长的机会，转变本有的教学观念，对现有的思想政治教学内容给予整合和优化，实质性地向"双师型"转变，这对于其他专业课的教学工作来说同样有利，对于推动教师以及学生的双向发展来说具有非常积极的意义。所以，对于教和学的生成以及其发展的整个历程而言，实现思想政治教育"双师型"队伍的建设是非常有可能的。

加强对企业导师的引进，完善思想政治教育工作队伍。针对企业导师而言，其主要指的是具有较强业务素质以及较高技能水平的技术骨干，将其引入到企业针对学生开展的思想政治教育工作当中，为学生的实习提供重要的指导。在企业导师的引导之下，学生在顶岗实习期间自身的职业技能有利于得到很大程度地提升，同时也有利于促进学生自身良好职业习惯的养成，通过对企业文化以及企业精神的合理有效应用对于提高学生的思想政治教育工作来说是非常有利的。这需要学校和企业主要从以下三方面着手工作：第一，需要相关的企业导师能够针对实习学生制定相应的引导目标，能够和学生之间建立良好的关系，积极地与学校以及学生之间展开互动与交流，能够从学生自身的发展需要出发，为其制定专门的指导计划，使顶岗实习学生能够在更短的时间内对企业文化有一个深入地了解，快速适应新的环境，对日常工作开展的流程有一个相应的把握，与学生共同接受思想政治教育，学生在实习完成之后可以针对学生的实习效果以及思想政治教育方面的情况给予有效的评价。第二，企业能够针对企业导师开展相应的管理工作，从实际情况出发制定相应的管理制度以及奖惩制度，将其充分落实到企业导师日常工作开展的过程中，这样有利于企业导师在新来的实习生上给予足够的重视度，在此基础上为实习学生提供更多的指导。第三，学校的指导教师、辅导员需要能够积极地与企业导师建立良好的对口联系，注重对学生顶岗实习期间各方面情况的了解，在对学生的思想政治教育情况有一个充分的了解与把握的基础上，各方共同展开探讨，以此来采取针对性措施，从整体上提高思想政治教育工作开展的效果。

（二）建立完善的思想政治教育工作考评体系，提高积极性

对于顶岗实习期间针对思想政治教育工作建立的思想政治教育评价体系来说，其主要的作用表现在能够有效反映出具体开展的思想政治教育效果，同时也能够表现出此项工作所包含各个项目以及各项指标之间的联系。针对顶岗实习期间学生思想政治教育工作考评体系的构建，所遵循的原则除了为普通体系构建需要遵循的共有原则之外，其同时也包含了相应的特有原则，可以将思想政治教育工作开展的最终目标以及任务有效彰显出来，针对思想政治教育评价体系在指导思想以及构建理念方面需要充分体现科学性以及导向性。

要想对顶岗实习期间针对高职学生开展思想政治教育工作效果有一个充分的了解，为相关施教人员的育人精神提供相应的鼓励，实现对各方面有关因素积极性的有效提高，就需要建立一个公平和公开的思想政治教育平台，通过此平台针对此项工作开展的具体效果给予量化考核，具体来说就是能够针对思想政治教育工作开展的内容给予分解，此种设置能够为学生、教师提供方便的观测点，将具体施教结果作为主要依据为其进行合理权重的分配，这对于更好地了解思想政治教育效果来说是非常有利的。

将内容作为主要依据对思想政治教育工作展开相应的划分，能够将其划分为政治、思想、法制、道德、心理以及职业等几个方面，针对这几个方面能够专门制定相应观测点对其给予更进一步的细化。和学校内部开展的思想政治教育展开相应的对比，顶岗实习期间与其之间存在的最明显的不同之处为工作以及学习的地点以及学生接触到的群体发生了很大程度的

改变，教学的主要内容从理论转变成为了实践，也就是施教环境和以往相比要更加具有复杂性，相关施教需要能够对本有的教育理念做出创新以及改变，明确其中的重点以及难点，帮助学生能够更加快速地成长。在高职学生顶岗实习期间开展的思想政治教育，需要不断增强学生自身具备的法律意识以及法治观念，在学生的职业素质以及精神的培养方面给予足够的重视，深入贯彻集体主义学习以及社会实践。

第五章　高职院校顶岗实习学生职业道德的培养

顶岗实习是高职院校实践教学的核心内容。由于发展周期长、发展条件复杂、学生人数众多，实习后难以对学生进行思想政治教育，进一步阻碍了岗位实习的顺利开展。本书以高等职业院校职业道德修养为探讨关键，理论和实际紧密结合，为高等职业院校职业道德修养探讨提供理论基础，深层次剖析高等职业院校职业道德修养的具体情况。在学习实践环节，高职院校学生要主动自觉建立职业道德修养观念，积极主动了解职业道德修养对个体成功的必要性。在职业道德修养的情况下，学生唯有建立合理的职业道德修养，才可以获得更好的发展。在职业道德修养环节，应引导学生了解职业道德修养对未来职业发展的重要性，鼓励学生养成良好的自我修养，在日常生活中，学生能自觉控制行为标准，贯彻职业道德，将职业道德教育当作高职院校学生学习的核心内容。职业院校不仅要注重学生专业技能的培养，更要注重学生的思想品德教育。实习期间，对学生而言，不仅要承担自己的角色，还要承担企业员工的角色，接受双重管理。岗位实践虽然可以为职业院校学生的职业道德教育提供有益的资源，但其中存在的挑战和问题尚未得到认识。在经济全球化的背景下，高职院校学生职业道德教育刻不容缓。高职院校只有合理运用在职实践政策，充分发挥在职实践优势，才能为学生职业道德教育提供有效指导。职业道德的水平直接决定着大学生的综合素质和专业技能，决定着高校的就业率，也关系到企业的发展，对学生的就业发展起到非常重要的作用。

一、高职院校顶岗实习学生职业道德的定义

（一）职业道德

随着当代社会分工的发展壮大和职业化程度上的提升，市场的竞争日益加剧，全社会对职工的岗位观念、工作态度、专业技能、纪律和作风等方面的要求越来越高。要大力提倡敬业爱岗、诚信友善、做事公平、服务人民、回馈社会的职业道德修养，激励人们在工作上做好建设者。职业道德修养的概念可以从广义和狭义两个方面来剖析。从广义上讲，职业道德修养一般指职工在工作上理应遵循的一切行为规范。其限定和标准的对象不仅是职工与服务对象相互间，还包括岗位与岗位相互间、职工与岗位相互间的相关性。狭义的职业道德修养就是指特殊岗位的行为规范和标准。特殊岗位中的岗位活动、岗位特点和与岗位有关的活动利用职业道德修养实现调节和展现。在社会分工合作的背景下，专业与职业之间、各个专业群体之间以及国家之间、专业团体与专业组织之间、专业团体内部人员之间存在一定的关联性，从而形成狭义的职业道德，旨在限制和规范与职业相关的特定职业的职业活动。国内研究人员往往从社会层面来看待和界定职业道德。职业道德的约束和规范不仅来自员工自身，还应结合舆论、行业规范和原有习惯。因此，国内一些研究者认为职业道德应该被定义为与职业活动相适应的所有行为标准的总和。在职业道德的研究中，国外研究者倾向于关注员工自身的能力、态度和兴趣，基于此分析国家和社会对特定职业的行为规范。职业道德是社会各行各业都应遵守的行为准则。由于职业的特殊性，社会对员工的职业理念、职业态度、技能和纪律都有相应的规定。

本书借助职业道德的学术定义,将职业道德定义为职业领域道德的体现,是指员工为适应岗位所必须遵循的行为标准的总和,同时在一定程度上展现员工的思想品德。

(二)高职院校顶岗实习学生职业道德的必要性

首先,推进高职院校学生职业道德的培养。在高职院校人才培养阶段,规定学生不仅要具备专业技能和理论知识,还要具备较强的综合素质和较快的适应能力。简单来说,岗位实践不仅需要学校和企业双方参与培训和教学环节,还需要双方在学生职业道德和思想素质教育中形成合力,改变大学原有的教育模式。在实际生产阶段,学生可以完成基础知识教育,向学生灌输生产工艺、技术、管理模式和企业文化,有助于学生掌握公司的企业精神,形成良好的社会价值观,从而了解自身责任的重要性。

其次,推动高职院校与企业深度融合。高职院校学生职业道德教育要科学融入社会、校园和企业文化,加强理论与实践相结合,深入研究大学教育与社会教育的差异,为学生提供良好的实践平台。此外,高职院校学生职业道德不仅要培养学生艰苦奋斗的精神,还应与企业密切合作,加强学生对企业的认同感与忠诚度,为企业提供高质量人才。学生利用参加专业实习机会,真正体会企业的生产运营,参加生产劳动,逐渐培养自身的敬业精神和认真负责的精神。在专业实习环节,学生将踏出校门,做为社会上的"准职工"参加企业的生活实践。他们会受到企业文化的影响,要及时提高他们的基本素养,并促使他们及时改变自己的身份。

最后,提高高职院校学生的职业道德素质。德育内容主要包括职业情感教育,鼓励学生养成吃苦耐劳、积极向上的精神,热爱自己的工作。职业道德教育的核心是引导学生做到公平、公正、诚实。职业道德教育的目的是鼓励学生养成服务社会、乐于奉献的良好精神，自觉遵守法律法规，廉洁自律，产生较好的社会主义道德观念。荣辱与共，勇于创新的专业观念。高等职业院校职业道德修养的实现主要是培育学生的思维能力和判断力，激起学生的职业道德修养情感，使他们产生较好的职业道德修养情感和职业道德修养习惯。❶利用对实习生实现职业道德修养，锻炼其意志力，促进其形成良好的职业道德情感和职业道德习惯。

二、高职院校顶岗实习学生职业道德培养的理论基础

（一）人的全面发展理论

马克思、恩格斯在西方思想家全面教育发展思想的基础上，创造性地提出了人的全面发展思想。指出人的发展必须以人的全面发展为前提，不论是精力或是智力都需要获得全方位充足的发展。因而，人的全面发展要求人的基本能力需要实现全面的发展。具体来说，人的全面发展主要包含人的工作能力和人格特质的全面发展，人的全面发展是当代教育追寻的最终目标。❷仅有社会关系中的每个人都会实现了全面的发展，社会发展才可以共同提高。职业院校要重视学生思想品德教育和职业技能培养。在经济全球化背景下，道德修养是高校人才培养的基本任务。职业教育作为高校办学类型之一，应始终坚持道德修养的规定，为社会提供高素质人才。德主要是表现在职业道德规范上。高等职业院校要培育学生诚信友善意识、职业精神、责任感和守法意识，就需要积极主动实现职业道德修养。对于高等职业院校学生职业道德规范的培育，马克思关于人的全面发展意识有着至关重要的理论创新作用。在明确高等职业院校学生职业道德规范培养

---

❶ 温志红. 校企合作背景下高职院校学生职业道德教育研究 [J]. 中国优秀硕士学位论文全文数据库，2018.
❷ 杨新宇，侯新杰. 马恩人学教育思想对我国新课程改革的启示 [J]. 延安职业技术学院学报，2009.

计划、职业道德规范培育内容、职业道德规范培养方式，在路径的环节中，我们始终以马克思主义的人的全面发展思想为理论指导，真正实现教育理论与社会实践相结合。

（二）科尔伯格的道德认识发展理论

社会道德环境与儿童相互作用，形成道德。科尔伯格认为，道德知识发展理论具有非常重要的意义。通过积极完成道德状况研究，选择科学研究手段，促进道德状况研究的不断完成。道德知识发展的理论研究可以有效促进认知学科的发展，促进德育的合理化、科学化，遵循其规律，引导儿童的德育发展，从而科学地完成德育。科尔伯格从发展心理学的角度，深入研究道德发展，以杜威和皮亚杰的道德发展理论为基础，总结出思想理论的渊源，道德发展与学科本身息息相关，进行合理应用，可以加速道德发展，促进儿童具有道德判断能力、推理能力。总之，科尔伯格强调道德认知和社会交往的作用。

科尔伯格认为最适用的德育模式是德育讨论法。科尔伯格通过对苏格拉底方法的分析，总结其本质，提出了德育的"新苏格拉底方法"。在道德困境的情况下，可以通过把握孩子的行为来解释自己的理由，进行道德判断。通过诱导学生的道德认知冲突，在教师的合理引导下，学生可以发展自己的道德思维，从而构建良好的道德观念体系。

组织模型，是指借助建立一个公平、务实的群体，在这里基本完成相应的教育，教育者借助创造一个公平民主的集体，营造良好的氛围，从而实现群体成员的道德能力和判断能力，所以为加快德育产业发展，激励成员实现自我约束、自我管理。科尔伯格的社会道德认识发展理论可以为我国高等职业院校职业道德修养的变革与实际带来理论创新。从社会道德内容看，学生社会道德认识的发展有着统一性的特性。不同年级的学生要因人施教，确保职业道德修养的合理化。在社会实践环节，积极主动搞好职业道德规范感情、意志和行为教育。

在教学模式上，科尔伯格觉得科学合理导入德育，挑选启发式教学方式。假如选用社会道德认识矛盾的教学模式，指引学生对社会发展生活中的职业道德规范开展解析和探讨，加重学生对职业道德规范的了解，激起学生对职业道德规范的兴趣爱好，进而促使学生发展较好的判断力和社会道德分析能力。在德育途径上，要积极进行社会交往，通过职业院校来完成学生的职业道德教育，可以通过显性教育、潜移默化的校园文化、校风和纪律教育、定时讲课和实际职业道德修养等提升学生素质，确保职业道德修养质量。在实习环节，高职院校学生可以感受职工生活，加快职业道德的内化，因为良好的企业文化可以促进学生职业道德的提升。

（三）黄炎培职业道德教育理论

黄炎培，我国著名现代职业教育家，我国职业教育协会创始人。在黄炎培的职业教育理论探讨中，职业道德修养是关键。黄炎培认为，职业不仅包括自谋生计和自我发展，还包括群体服务，可以将民族观念和民族意识的培养渗透到人生修炼中，为社会培养合格的人才。职业教育、职业技能培训不仅包括职业培训，还包括品德培训，二者相互关联。职业技能教育有别于其他教育，职业技能教育具有独特的特点，教师具有更高的价值，主要是培养愿意为之奉献人的艰苦奋斗精神，职业技能教育主要是为职业教育提供服务，是基础社会对人才和从业者的规定。黄炎培先生认为，职业教育的最终目的是为从业者提供工作岗位，或者为从业者提供自己的工作岗位。黄炎培职业道德教育的核心思想包括人格教育、尊重工作、劳动圣洁和爱国主义。核心思想要始终贯穿职业教育，完成对各个环节的把控。尊重和享受事业的理念是指员工要懂得自己职业的意义，更好地服务社会，不断增强责任感和拼搏精神，养成良好的道德习惯。只有这样，员工才能体验到工作的乐趣，逐步完善较好的经济意识和科学精神。劳动神圣意识就是指学生要学会尊重和重视劳动者和劳动所得，培养较好的劳动方式，塑造较好的劳动意识，进而培养较好的劳动态度。人格教育建设自身就在社会发展文化背景下，员工在入职环节中，应产生较好的品性，内化职业道德规范，突显职业道德规范的精神特点。总之，职业道德教育要与时俱进，积极创新教育内容，更新教学方法，以尊重工作和人格教育为内容推进职业道德教育。

三、高职院校顶岗实习学生职业道德培养存在的不足

（一）职业道德教育教学方式单调

目前，高等职业院校职业道德修养工作已经实现。教学方法主要是课堂讲课和填鸭式教学方式。教师只看重理论知识解读，大多数看重职业道德规范知识。职业道德修养内容更多的是应用知识，即使在讲课环节中，可以导入案例解读、多媒体展示等方式，但仍处于被动学习状态，缺乏课堂师生互动，也缺乏积极性，学生的课堂参与度不够，难以内化深入地看待职业道德的内容，反过来又不能保证职业道德行为表现的效果，难以突出职业道德教育的应用价值。根据对学生的采访，学生希望引入讨论、情景模拟等教学方法，形成良好的课堂互动。鉴于研究结果，教师应创新教学方法，鼓励学生积极参与课堂学习，激发学生的学习兴趣。这样，学生就可以结合高校组织的活动、实践生活，根据自己的认知，把职业道德、职业道德建设成自己的价值。

除了职业道德的教学外，学生在实践中也要注重职业道德的培养，但在实践中，学生往往更关注企业的生活，而忽略了自身职业道德的培养。

就现状而言，高职院校对学生的职业道德教育不再局限于课堂，将借助高校社团活动组织、实习，培养学生专业的能力，但职业道德教育还停留在表面上，即使能提高学生的职业道德实践能力，参与人数多，也难以实现职业道德教育的全民覆盖。教育管理者和教师不重视职业道德知识的传授，理论与实际难以有效结合。

（二）职业道德教育考核缺乏科学性

高职院校在职实践阶段，对学生职业道德教育采取单一的考核方式，即以试卷考核的方式进行考核。根据学生的书面报告，对学生的道德理解情况进行评价，并给出相应的分数。综合评价虽然是在学生的帮助下在考试和试卷中总结出来的，但与学生的技能评价没有关联，职业道德教育内容不够，难以有效评价。这种评价方式具有较强的主观性。考试作为技能考核的一部分，如果只注重理论知识考核，对于学生的行为能力很难给出评价。对教师而言，教师在教学中，根据自己的主观去复习，未能与其他学科相结合，导致学生只会关注教师给出的评语，未能严格规范自己的职业道德，进而不能规范自身的行为和修养，职业道德教育不仅要求学生掌握基础理论知识，还应与实践相结合。

职业道德教育评价不够客观，无法合理判断学生的职业道德能力。学生进入社会后，他们的工作和学习成绩有很大的不同。[1] 在经济全球化背景下，职业院校逐渐重视职业道德教育，但在教育手段和考核方式的影响下，职业道德教育与其他学科相结合，未能完成自主教育，缺乏明确的课堂安排，学生完全处于分散学习状态。教师只对职业道德内容进行简单笼统的讲授，教学不够专业，学生不重视，完全被动接受职业道德知识，难以保证职业道德的实际教学效果。此外，高职院校对职业道德教学方法监

---

[1] 周建华. 中职学校开展职业道德教育课程的重要性 [J]. 内蒙古煤炭经济，2015.

管不严，没有强化职业道德考核内容，职业道德教育目标不达标。

（三）职业道德教育教师队伍配备薄弱

由于高职院校在实习阶段侧重于专业课和技能课的教学，没有重视职业道德教育。即使安排职业道德教育，也不能配备专业教师。职业德育班未设置独立班，一般教学与其他学科交叉，专业师资不足，一般由其他专业兼职教师授课，或以职业道德教育和思想政治教育、职业指导教育班为主，造成课堂教学内容的偏差，职业道德教育的连续性难以保证。同时，职业院校在职业道德教育排课阶段，选择简单讲解，甚至忽视教学，导致职业道德教育教学缺乏针对性，脚本化的教学方式，不能满足学生的学习需求。职业道德教育教学效果不尽如人意。大部分教师受工作时间和岗位限制等因素的影响，无法对职业道德教育进行深入研究，进而难以理解职业道德课的重要性。

职业道德教育所具有的专业性相对不足，国家教育机构及相关机构未能设立专门的职业道德教育培训机构，加之从事职业道德教育的人员少，职业道德难以得到有效的落实及其深入的学习。基于职业道德教育本身的独特性，要求教师既要掌握用人单位职业道德规范、职业道德规范，又要掌握专业理论知识，深刻认识行业职业道德。在职业道德教育阶段，教师既要深入掌握理论知识，又要积极实践，总结经验。但现实中，高校未必能完成对教师的综合培训，从而影响了职业道德教育的完成。

四、高职院校顶岗实习学生职业道德存在不足的原因

（一）高校对学生职业道德教育不够重视

一是教师工作观念落后，未能研究职业道德的教育方法、职业道德教育手段。高校教师本身就是学生职业道德教育的一线工作者。他们不仅要

承担教学的责任，还要承担教育学生的责任。中共中央在《关于进一步加强和改进学生思想政治教育的意见》中明确指出，高校每一个课堂配置都要发挥育人作用，突出教师的教学价值。❶ 但就现实和重视教学教育的存在而言，高校教师可以提供专业指导，但不能做到学生职业道德教育的协调，不能合理应用。对学生思想政治思想进行教育，不能保证教育质量。因此，教师不主动或不愿参与学生职业道德的培养。❷ 此外，辅导员无法及时掌握学生的思想状况，职业道德教育缺乏前瞻性，从而影响实践效果，甚至影响校企合作。

二是高校管理工作制度难以适应人才培养方案的变化。由于各种因素的影响，无法保证学生在岗实习期间职业道德教育的持续完成。学生没有太多的空闲时间，既要保证工作、学习，又要加强自身的职业道德，很难三者兼顾。学生分散在外地工作，企业、大专院校不能专注于学生的职业德育工作，职业德育师资院校、职业德育研究团队、公司职工干部属于本职工作和道德教育理论与实践互不干涉，职业道德教育课堂体系以理论为主，难以通过灌输手段保证职业道德教育的教学效果。目前，职业道德教育的完成与在职实习的相关性不大，缺乏对学生的针对性指导和专业建议，限制了职业道德教育的完成。此外，缺乏规范的考核机制和实施体系，使实习期间学生职业道德教育的实际效果欠缺。因此，高职院校应提高大学生思想政治教育的实效性，创新教学体系和教学理念，更新教学手段，建立合理的课堂制度，确保职业道德的长效性教育。❸

三是高校思想政治教育岗位实际操作缺乏完善的考核评价机制。要进

---

❶ 郭秀娟.高校专业教师在诚信教育中的作用——以诚信考试为例[J].内蒙古电大学刊，2015.

❷ 韩业文，张娜，孙金星."工学结合"人才培养模式下高职生思想政治工作的创新体系研究[J].中国校外教育，2017.

❸ 梁军刚.高职学生顶岗实习期间思想政治教育工作研究[J].中国优秀硕士学位论文全文数据库，2014.

行既定的发展目标,就务必充分调动目标责任和绩效考核评议机制的引导作用,进行"以评促改、以评促建"的目标。部分高校没有建立完善的职业道德教育评价机制,仅依靠职业道德教育的定性判断,缺乏量化指标,对企业、企业和高校在职业道德工作中的责任没有明确界定教育,进而造成职业道德教育工作不规范,难以发挥主动性。一般来说,只有在出现问题时才会进行深入研究。由于缺乏激励机制,学生在实习期间的职业道德培训实践效果不强。

（二）企业对学生职业道德培养不够全面

实习期间,实习单位缺乏有效的职业道德教育手段。根据以上问卷调查和对企业的采访可以看出,大部分实习生在实习期间都会参加岗前培训,只有少数大公司会在实习期间增加各种体育、运动、比赛等学习活动。除了职前培训外,为学生完成职业道德教育。但现实中,大多数中小企业职业道德教育的完成效果并不好。实习结束后,学生会否定甚至推翻高校的教育理论。这一因素的形成,与学生实习企业的岗位业务和组织机构管理松散有关。企业只注重就业,不教育人。企业管理人员的能力和观念直接决定着学生承担职业道德教育任务,但受手段和方式的影响难以发挥作用。

（三）学生本身职业道德意识不强

总体来说,"00后""90后"学生的人生价值观、价值观念和世界观全部都是积极进取的。受高等职业院校学生内外要素和个人理念的干扰,个别学生处在迷失自我边缘,建立负面情绪。现阶段大多数学生是独生子,[1]在父母的宠爱下长大。他们抗挫折和抗压能力差,不能主动学习,只

---

[1] 汪璞.高职院校工学合作人才培养模式下学生思想政治教育困境研究综述[J].河南教育（高教）,2016.

能靠父母、学校和教师。如果高职院校只注重技能教育而忽视人文教育，就难以实现学生社会观和价值观的培养。经济全球化背景下，高职院校应以定位为导向，鼓励学生勤工俭学，努力自强，为学生就业奠定基础，为后期思想政治教育的完成奠定基础。但现实恰恰相反，在实习阶段，有些学生觉得自己的专业不是以后要从事的职业，不愿意去一线实习。即使去实习，他们也不会认真工作。一些从事基层工作的学生觉得自己是大学生，觉得企业不够好，难以发挥自身的价值，甚至觉得实习是廉价劳动力；很多独生子女在父母的宠爱中长大，不具有主动学习的能力，大部分事务的处理都是依靠父母。他们不懂得团结协作的重要性，抗挫折和压力的能力差，实习期间无法适应复杂的人际关系，难以克服实习阶段的困难，导致实习质量低下。有的学生被安排到岗位与自己的专业不一致，导致所学知识不能应用，在实习中遇到问题，难以有效处理，达不到预期目标，出现实习阶段的问题和困难无力；参加实习的学生刚步入社会经验还不够，一旦被上级管教责骂，就会形成不良情绪，实习质量难以保证。

五、高职院校顶岗实习学生职业道德培养的对策

（一）改变高职院校顶岗实习学生职业道德教育观

职业道德是高职学生综合素质发展中不可忽视的重要内容。职业道德教育不仅引导各级学生掌握有关道德规范的知识，而且体现在职业道德认知、判断、行为和情感体验等多方面。在人才培养上，高职院校要与时俱进，深化解读当前职业道德教育内涵，把握社会科学非同行业类别的高职院校学生职业道德修养规律，立足全局德育、一改原本单一、落后的职业道德教育观念，在宣传教育作用上同步发挥，带领全体师生转变观念，在思想上有新的认识，政治课教师要和学科教师加强职业道德教育意识，在

强调自身职业道德修养全面提升、贯彻落实新发展理念的同时完成层次化、系统化的职业道德教育。在规范自身的专业、树立正确的职业道德的同时，高职院校要形成良好的全员德育氛围，不断影响、感染各级学生，积极、主动地参与职业道德教育，树立职业态度，形成正确的职业道德观。在有效调整自身、环境与他人相互关联的同时，能够以德育自我、约束、规范自身，促进新理念的落实，使职业道德教育工作高效完成。

高职教师应树立职业道德观以实践教育为基础，以职业道德教育技术人才培养为核心，以学生能力素养发展为导向，适时转变原有的教学思想，教学理念，强调创新与发展，强调以学生为中心的课堂教学，地方经济发展现状，联系院校发展前景，理论与实际、课堂与课外相结合，引入各种现代教学方法和手段学科教学，巧妙地渗透职业道德教育，在实现高质量教学的同时，让班级各级学生做好分级实践准备，进一步深化职业道德素质培养。在这一部分，高职院校应从实践教育入手，树立以实地工作为基础的职业道德新理念，从职业道德修养等方面出发，科学树立人才战略培养目标。深化应用现有校园文化资源和隐性现代化设施设施，为学校的学生提供专业培训实践平台，在分级实践培训实践中，完成有效的岗位实习，深化专业能力发展在培养良好职业道德的同时，培养良好的职业道德，为更好的职业道路铺平道路，实现高素质专业人才的培养，有效促进企业的可持续发展。

职业道德教育具有鲜明的长期性特征，这是由于学生对职业道德的认识和职业道德行为的规范不是一蹴而就的。[1] 以培养学生的职业道德，从学生的角度在高职院校开展专业领域工作，正确对待职业道德教育的态度，科学引导教师在整个教育过程中以职业道德教育观为核心，与借助各种可行的路径，跟踪班级每个学生的职业道德素养培养条件，深化分析职业道

---

[1] 韩海侠，刘广浩.基于工学结合模式的五年制高职学生职业道德教育[J].青年与社会：下，2013.

德教育存在的问题，在优化创新的基础上，引导各级学生正确认识职业道德的相关专业知识，并在多元化的岗位实践环节中有效培养职业道德、情感和行为。

（二）丰富高职院校顶岗实习学生职业道德培养内容

在实际工作中，高职院校要通过理论联系实际，深化专业德育工作，让学生参加实习，完成科研课题以及丰富多彩的实践活动，对学生的理想信念和爱国主义、职业道德等完成多层次的教育，让各级学生在联动、交流、讨论中对职业生涯、实地工作、岗位能力素养等有了新的认识，在理性思维中辩证认识工作机会，在正确认识自我树立坚定理想信念的同时形成正确的人生观、世界观、价值观，以无私奉献的理想是激励人不断前进。理想有很多种，有社会理想，也有人生理想，职业理想只是其中之一。同时，信念与理想同等重要，是带领人继续前行的精神支柱，理想是人的信念，追求客观，在追求远大理想的道路上，人应该有坚定的信念，即在职业道德教育环节，对学生完成高职理想的信念教育十分重要，它可以引导学生坚定不移地走中国特色社会主义道路，实现自我价值。

在理想信念教育中，高职院校以实地工作为基础，让多元化实践专业的学生准确把握理想与现实之间的关联，包括个人理想与社会理想，在扎实的专业基础、实践经验的积累、专业能力提升上有远大理想和信念，在职业生涯规划观中树立正确的观念，能有效抵御各种诱惑，把物质和精神两方面结合起来，抵御社会的丑恶局面，自强不息，以人民利益为根本目标，自身与社会发展有机结合，立足社会产业范畴，更好践行社会主义核心价值观。在理想信念教育中，高职院校要重视在实习工作中适时运用中国特色社会主义主义理论武装学生，实习工作中不断夯实理想信念理论基础，能够积极主动地参与社会实践积极向基层、环境艰苦地区锻炼，要全面深入了解新时代中国国情,在坚持人民基本路线的同时,进一步完善和丰富我们的理想信念,进一步促进理想信念的发展,同时培育艰苦创业、自力更生的精神。

由于诸多因素的影响,学生在成长过程中难免会出现不同类型的心理问题,尤其是在实习期间,如果、苦恼、困惑、焦虑、消极态度、心理失调,甚至引发相关的心理疾病,很容易出现安全、质量、纪律等问题。高职教师要随时关注学生实习的情况,与学生及相关企业保持联系,实时处理学生实习中遇到的问题,最大限度地发挥教师的作用。首先,高职院校要有多元化参与、科学渗透、思想渗透,从根本上区别自身,结合实际,开办形式多样的心理健康课,完成形式多样的心理健康教育活动。定期在理论与实践相结合的基础上,鼓励学生正确对待挫折,在各个层次上深化心理素质的发展,提高抗挫折的能力,完成高水平的岗位实习。其次,高职院校开展心理咨询工作,针对自身现有条件,科学设立心理咨询中心或心理咨询室,加强其诊所与医院的沟通和联系,为学生实习期间提供多样化的心理咨询服务,针对学生心理问题进行心理疏导、专项治疗等,塑造健全人格的心理素质。在这个环节,高职院校要从自我教育的角度出发,对参与岗位实习的学生完成多元化的心理健康教育,在启发和引导中强化心理健康意识,学会减压。最后,高职院校要加强师资队伍建设,在实习期间对各级学生完成全面、系统的心理危机干预。高职院校应从理论教育和实践培训两个方面入手,以实习生为基础,以心理健康教育为抓手,完成教师的多层次培养,在巩固中深化和促进专业理论的发展。教师具有较强的敬业精神、责任心、服务意识、理论素质、心理素质等,在实习后为学生完成高水平的心理健康教育及心理疏导工作,让学生拥有健康的心理,深化专业的道德品质培养。

思想政治教育就是通过一系列高度思想化的话语来完成自我认识，在知识的环节中完成自我反思和自我升华，从知识、控制、调整等方面完成自我管理和改变。开展思想政治教育的目的是促进学生建立健全的自我管理系统，这是一个具有主观意识的动态系统，能够在不断变化的环境中完成主动控制和自我完善的功能。简单地说，思想政治教育中的自我管理教育就是思想政治教育的管理主体为全面完善思想道德规范和行为规范而进行的活动。建设环节是思想政治教育管理对象传播思想政治教育的载体。学生离校进入社会后，能否完成自学和管理，实习经历是否有效，客观地反映了高校思想政治教育管理能力和各项措施是否落到实处。因此，在实习期间，应努力培养实习生建立自我管理体系，提高其自我管理能力，为自己和社会创造更多价值。推行自我管理制度的好处在于：一是在构建自我管理机制的同时，可以有效激发实习生的主观意识，让实习生在实习岗位上任意转换社会角色。拥有强大的自我管理制度，既可以在实习期间完成自我管理和自我限制，还能根据不同的实习环境改变不同的实习状态，自发遵守相关的明确规定，在工作实际操作中坚持学习，提升自我约束能力。二是可以调动实习生的主体力量。构建强大的自我管理体制，充分调动主体意识。实习生的主体意识越强，他们在学习环境中的自发性就越强。他们能合理有效地运用环境，充分发挥主体力量，不断学习，不断进步。随着自身责任的增加，他们对自己的要求也会越来越高。正如一位著名人士所说，"唯有促进自我教育的教育才是真正的教育"。三是结合学生成长过程和环境变化特点制定自我管理机制，具有相应的有效性，有利于加强思想政治教育。随着信息时代的发展，当代大学生由于接触的知识面广，发挥了思维敏捷、知识面广、积极参与的优势，敢于打破常规，追求自我生命价值。这满足了自我管理的概念，具有强烈的自我意识并承认其存在的作用和地位。同样，自我管理也要严格自律，高度自觉。实习期间，没有舒适的校园环境和老师的严格监督，再加上艰苦的环境条件，实习生要完成自我管理是一个全新的挑战。借助在职实习，学生可以体验培训和测试，进而提高自己的思想、专业技能、实践能力等综合技能，增强了自身的使命感、荣誉感和社会责任感。

（三）营造职业氛围，将企业文化融入校园文化

高职院校应以不同的专业视角与社会企业建立对应关系与合作，针对某些严重影响学生思想政治教育内容的事件或人物，通过实习工作管理审核完成工作，以避免思想政治教育的重大失误。在此期间，高职院校可以与社会企业召开主题会议、座谈会，建立有效的沟通渠道，在持续沟通中发现问题，提出切实可行的解决方案。此外，高职院校与社会企业应建立相互监督机制，在任何集体中都应有相应的规章制度来鼓励和限制成员。思想政治教育实习教师和企业领导都应完成相应的绩效考核，防止不完善和不负责任的发生。每个人都应该认真对待每一项工作。对认真工作的员工也应给予相应的奖励，通过荣誉证书、奖金、职业评价、进修、项目及奖金分配等相关机制，激发员工工作积极性，提高工作效率，奖惩分明，提倡互学互鉴，互相督促，共同进步。最后，高职院校要与企业、企业建立信息共享机制。该机制的建立旨在让双方各得其所，详细了解双方的需求和发展。借助该平台，高校可以利用互联网为完成公司实习的学生完成思想政治教育。公司还可在高校传播企业文化、管理制度、招聘信息等相关内容，促进双方交流与发展。

实习期间，学生对专业门类没有系统的认识，思路不全面、不成熟。因此，实习企业的文化、企业宗旨、企业氛围和企业精神都在相应程度上影响着学生的基本素养。一个好的企业会让学员在日常工作中学到很多东

西，也会让学生在自我意识、自我调节和自身职业道德体系建设上都有相应的成长，一方面，学生的想法上会有所改变；另一方面，学生会积极探索校园文化与企业文化的共同点，借助有效的途径和方法最大限度地将两者融合，增进学生对企业文化的理解，提高学生对公司的适应能力。高职院校应为企业输出具有专业岗位技能的人才，毕业后直接进入公司。也就是说，高等职业院校的工作目标是塑造可以满足公司企业需求的高质量技术人才，这就需要学生有迅速满足岗位的专业能力，与此同时又与公司文化切合。❶ 这是因为唯有文化得到认同，专业技能才可以被企业所认同。没有得到认同，仅依赖技术没法进行真真正正价值的。这要求学生务必亲自参与企业文化管理，实际参与方式主要有两种：一种是依靠自身的实习或培训机会，真正体会企业文化理念的魅力，❷ 改变自己的角色，不是作为实习生做旁观者，而是作为公司的一员，把自己放在公司里去感受和体验公司的经营理念、管理模式等；另一种是通过完成校园招聘会和企业文化讲座，可以拉近企业文化与校园的距离，分析两者的差异，在企业文化与校园文化的对比中更好地看待和接受企业文化。为避免企业文化与高校管理制度产生对应冲突，应相应转变办学理念，以"定位为先导，以服务为宗旨"为办学理念，在专业技能配置、课堂、教师教育教学模式、企业发展等方面与公司共同发展，积极主动邀请企业参与，进一步扩大校企合作范围，多渠道促进校企资源共享。

分析当前岗位实践的教学任务，既要培养学生的个人行为道德和专业认知，又要提高他们的政治思想教学水平。加强公司岗位实践特色，以创新人才培养建设为目标，对学生职业道德和基本素养建设具有深远意义。针对教学建设的任务和目标，高校应从以下两个方面加

---

❶ 刘靖. 高职会计专业实践性教学策略研究 [J]. 现代经济信息，2016.
❷ 陈国清. 企业办高职院校学生思想政治状况调查及对策研究 [J]. 中国优秀硕士学位论文全文数据库，2012.

强认知教学。

首先,提高学生职业道德。培养学生敬业、爱业的职业观,为提高学生的职业素养和行为道德品质积极贡献力量,也是我国提高人才运作的重要指标。对于高职院校来说,很多高职院校并不把职业道德教学作为相应的课堂内容,传统的课堂教学只是"填鸭式"和"灌输式"的教学模式,不利于学生对信息资源的接受和获取职业建设信息。随着国家信息化建设的不断发展,原本的"说教式"教学方式已不再适合现代学生学习,学生在老师的说教下会形成逆反心理。对此,建议教师改进学生的基础素养教学方式,不断提高学生的专业认知,改变原有的单项式教学法。这对提高教学质量、优化教学任务建设具有积极意义。在其建设方法上,建议教师通过合理的小组教学、多媒体教学,结合慕课、微课、翻转教学等方式,拉进师生之间的距离,还可以借助课堂模拟实践教学、情景剧表演、辩论赛等方式激发课堂内部活力。借助多样化的教学方法和课堂手段,让学生在有意义的实践课中体验学习的乐趣,进而实现职业道德教学的目的。

其次,引入专业教学导向。结合我国"工程教学"的目标和高职院校的"实践"教学任务。相关高职院校要根据学生的职业规划,深化学生职业建设的理念。鉴于其运营策略,建议高职院校采取以下建设政策:一是早教。职业教学要结合学生的适应能力,在招生前期完成职业指导和规划,借助一些专业的课堂指导,让学生树立职业价值观和目标;二是优化教学内容,推进专业实践教学。在学生掌握了相应的专业知识及其相应的道德价值观后,让学生从思维规范的行为中,重新认识职业的职业精神和建设专业的意义,并结合发展特点辩证地、适应行业建设并结合校园活动的实践,对技能建设的认识自身并加以优化,真正做到有创新能力,实现"专长";三是在"知识使人进步"的教学任务下,高职教师要教给学生创新意识和能力，结合企业的建设和发展，把高职学生作为"技能"，更重要的是展示企业的人力资本和技术资本。提高学生的创新意识可以使他们与时俱进，不断优化专业建设实力。

第六章　高职院校毕业生顶岗实习的报酬管理

一、高职院校毕业生顶岗实习的报酬

实习报酬在理论或法律领域没有统一的定义，有很多流行的术语。如实习薪酬、实习津贴等。为了界定学生的实践薪酬，我们首先分析劳务薪酬。广义的劳务薪酬被界定为劳务薪酬是劳工为体能劳务或脑力劳动所取得的对价，表示劳工提供的价值。《有关进一步发展的决议》中出现了实践薪酬一词。虽然职业教育是中华人民共和国国务院在2005年制定的政策，但目前还缺乏一个比较权威的概念，一般而言，实践薪酬是指学习单位根据实习协议规定，以实践劳务所创造的价值为基础，向实习生所提供的经济回报和其他经济权益。实习薪酬形式有很多种类型，如实习薪资、实习补助、实习补助、实习奖金、实习优惠等，其中实习薪资和实习补助是实习薪酬形式最主要的表现形式。实习生对实习工作中的企业认可知识产权单位，也属于劳动报酬的一部分，除非单位已与学生订立企业劳动合同。但因为高职学生身份的特点，在实际工作中与实习单位实习合同期间，实习生既是在校生也是企业职工，而与实习单位职工不同的是，实习生与实习单位并没有签订公司企业劳动合同书或建立雇佣关系等客观事实，是由实习生劳务报酬而不是劳动者报酬得到的。

本书所探讨的实习薪酬就是指实习生从实习岗位得到的工资，主要表现为实习生在实习期内根据劳动从实习岗位得到的金钱和可以用金钱考量的价值。

二、高职院校毕业生顶岗实习报酬管理的现状

（一）高职院校毕业生顶岗实习报酬管理的问题

1. 企业接收学生热情不高，重劳动轻培养

公司企业以追寻盈利为总体目标，尽管大多数企业都接纳实习生参与现场工作，并有相对应的人力资源、物力、资金，但没有盈亏，国家都没有相对应的补偿政策填补针对公司企业的损失，严重影响了公司企业接纳实习生实习的主动性。就现阶段的情况看来，大多数公司企业都考虑到自身的权益，❶ 为了追求经济效益的最大化，都会把岗位实习作为企业的用工计划，把实习生当作廉价劳动力，注重劳动而轻视学生的训练。

2. 企业不能同工同酬

高等职业院校学生参与岗位实际操作的目的是进行实践活动任务，提升学生的实践能力和综合能力。但大多数实习单位接纳实习生并不是为了塑造公司企业的杰出人才，也没有把实习生作为公司企业的一部分。实习生的福利待遇与正式职工有所差别，没有执行同工同酬的规章制度。参与在岗实习的学生与公司企业正式职工参与一样的工作，但报酬不一样。实习生与企业正式职工薪酬差别比较大，企业支付的报酬远低于实习生应得的工作报酬。

3. 企业支付给实习生的实习报酬偏低

唯有极少数实习单位可以给实习生给予相对应数额的实践酬劳，绝大多数企业基本都是不给、少给或欠付实践酬劳。除此之外，某些企业为了节约劳动力成本，大量招聘实习生来缓解用工紧张。实习生承担与

---

❶ 吴文艳. 高职院校学生顶岗实习期间的报酬问题研究[J]. 中国优秀硕士学位论文全文数据库，2015.

公司正式员工相同的任务,但他们的月薪低得连基本生活费都难以达到。

4. 劳动时间方面

除此之外,调研还发觉,某些公司企业钻目前法律的漏洞,实习单位应用实习生欠缺法治观念和自觉观念等,让实习生在实践期内常常迫不得已上班,却被拒绝付加班工资和其他赔偿。据统计,绝大多数实习生的上班时间超出八小时。实习单位随意增加实习生上班时间,逼迫实习生上班。不付款阶段方式的实践补助是较为严重的一种状况,实习单位普遍较为注重劳动力的应用,忽略承担社会责任和义务,明显侵害实习生的合法权利。

5. 实习协议方面

因在校学生并没有与实习单位签署劳动合同书,也不具有雇佣关系,因此在实践中与企业发生争论时因为用人公司薪资争论,学生无法应用《中华人民共和国劳动法》确保本身的合法权利,因此,在校学生与用人公司履行实习合同时,维护其所获得薪资的权益是极为重要的。据统计,基于实际工作的结果,在校生自己与用人单位达成实习合同的情况很少,多是由院校安排实际工作,一般是由高校代表与实习单位达成实习合同,而一般的院校也会选择直接与实习单位达成实习合同,实习合同的制订也是由院校代表与实习单位共同完成,在校生自己参加或制订的情况很少。也有部分高职学校基于企业效益考量,并未与实习单位达成实习合同。在这些情形下,实习生所获取实习薪酬的权益如果遭到侵害,也将无法获得法律保护。而对于自行安排实习的实习生,则因为院校内部管理制度并不健全,因此院校也无法与每位实习生签署实习合同。

6. 实习生异化实习目的,片面追求经济利益

实习生对发展的随意性,过于注重实践薪资是高等职业院校学生面对的最大的问题。绝大多数学生对在职实践的认识存有成见,对本身发展欠

缺明确的认识。他们首先考量的是劳务报酬，而不是企业能不能帮助自己的发展，例如，培训技能、提升社会实践能力、培育职业观念和能力。有的实习生片面看待实践，过于重视实习岗位的实践酬劳，如果实习岗位不满足预期就改换实习岗位。有的实习生甚至为了寻求经济权益，宁可舍弃本身的专业配对实习岗位，挑选某些福利待遇相对不错的简单的重复性劳动，这对学习专业实习并没有很大实际意义，错过了在岗位实习环节和提高自己的机会。

7. 高校对顶岗实习学生缺乏有效的监管

思想道德教育、法制教育和学习监督检查是高等职业院校教育教学中的关键步骤。对学习的监督检查贯彻了学习的所有阶段。但实际中，在高职院校学习期间对学生的监督管理还面临着许多问题。高职学校对实习的监管主要依赖实习指导员，而实习指导员则是学校、实习生、企业之间的桥梁与纽带。有些学校的实习指导员由于缺乏工作经验与责任心，对实习的监管只是流于形式。他们往往过于注重对学生在岗实习期间的管理与督促，而对学生在顶岗实习中的合法权益以及实习报酬关注不足。当学习生活的权利遭到侵害或者不公正待遇时，如拖欠、扣减实习薪酬等，有些实习单位甚至不提供其他多种形式的实习薪酬，实习生常常加班加点，也可能没有其他多种形式的实习薪酬。鉴于上述情况，在企业实习生的薪资权利上遭遇不平等待遇时，学生往往会由于将与企业的利益隐秘性问题联系起来而对高等院校、高校进行急救，再加上与学校签订实习合同的企业对学生实践的切身利益问题不能进行明确规定，对高校实施也得不到及时有效的保护，是学生合法的薪资权益不能维护的主要因素。

8.国家有关政策没办法落实到位

实习生的公司应该与学生所处学校真实签署为期三年以上（含三年）的学习合作协议，以清晰彼此的权益与义务。公司或学校务必为每一个实习生开设单独的银行账户，公司付款给实习生的货币报酬务必以汇款方式付款。但在事实中，绝大多数企业会因为本身权益和繁杂的审批程序而挑选舍弃政策优惠，大幅度降低了政策的执行力。高等职业院校学生工作应由公司企业、高校、教学组织、劳动部门和税务部门等单位互相协调配合，而现行法律问题。2006年，中华人民共和国教育部印发的针对全国职业院校实施工学结合的《勤工俭学方案意见》中提出，在实习期间，企业应组织好大学生及相关教学理论技能培训工作，提高工作中的劳动保护和安全，学生在校外工作给予合理补偿。此外，《公司企业支付学习生税前扣缴办法》明文规定，接受实习生的公司应当与学生所在大学真正签订为期三年之上（含三年）的学习合作协议书，以确定双方的权益与责任。公司或大学必须为每个实习生开设独立的银行账户，公司支付给实习生的货币报酬必须以转账方式支付。但在现实中，大部分企业会因为自身利益和繁琐的审批程序而选择放弃优惠政策，大大降低了政策的执行力。高职学生工作应由企业、高校、教育机构、劳动部门和税务部门等协调配合，而现行法律法规缺乏相应的激励机制和监督机制，因而建立健全学生实习期间工作薪酬相关法律法规迫在眉睫。

（二）高职院校毕业生顶岗实习报酬权受损的原因剖析

1.政府政策层面的原因

在我国现行的高等职业院校实习生专项相关法律法规较少，欠缺相对应的要求和可操作性的标准，对实习生的劣势地位并没有法律维护，如果侵害其合法权利，实习岗位的权益处在合理合法的"真空"区域，国家并没有专门针对的法律法规。《教育法》《高等教育法》和《职业教育法》尽管对在岗实习作出了要求，但并未产生体系的法律制度保障学生在岗实习的报酬权。例如，《高等教育法》中并没有提及"实践活动"二字，仅有《职业教育法》第三十七条理论上要求了包含高职教育以内的职业教育实践活动："国务院相关部门、地方人民政府、县级以上高职院校、职业培训机构和公民个人应该加强职业教育生活实践和产业基地生活实践。作为实习生，来实习的，应当带上相应的工作报酬。"❶但该规定只是倡导性规定，并非强制性规定，因而缺乏可操作性和限制力。只靠教育组织理论上的某些实施意见来维护高等职业院校学生的权益是绝对不够的。应以法律的方式对学生入岗权益的风险防控完成专门针对规范。

依据《中华人民共和国劳动法》《中华人民共和国劳动合同法》和《中华人民共和国劳动合同法实施条例》的有关要求，法律规定调节目标为用人公司和劳动者开设劳动有关，不包括高等职业院校学生。因为实地工作并开设有关实习岗位，这促使实习生没法获得劳动法及有关法律的维护。处在劣势的实习生只有借助一般民法调节，如合同法、侵权责任法等。但因为一般民法调节远少于劳动法，当现场实习生身份不清晰时实习生报酬权遭受侵害，不可以适用劳动合同法，此外，事实中实习生极少与实习单位签署实习协议，并且实习协议较为笼统，并没有统一要求，实习生的报酬权不可以获得有效保障。尽管某些省市为了更好地维护在岗实习生的报酬权，对在岗实习的地方性法规完成了调节，但对在岗实习生报酬权的保护却带来了地方性的政策。如广东省于 2010 年颁布的《广东省高等院校学生和毕业生进岗实习条例》第二十八条规定，学生在实地工作期间，实习单位应当按照相关劳动者的相应比例支付给学生实习工资。具体规模由

---

❶ 程方平. 关于 1996 年《中华人民共和国职业教育法》的点评与修订建议 [J]. 河南科技学院学报：社会科学版，2012.

挂牌地区人民政府根据当地实际确定。

地方性法律法规不具有普遍性，法律效力较低。另外，比例问题无法界定，保障在职实习生的报酬权也不可行。《国务院关于大力发展职业教育的决定》第二十条规定，"企业有接受职业院校学生和教师实习的责任。对招收实习生的企业，给予相应的税收优惠。"在岗实习环节，该政策提高了企业参与职业教育在岗实习的积极性，为保障在岗实习学生的报酬权提供了可行的依据。但从政策本身来看，缺乏实际操作性，更多的是宏观引导。例如，规定实习单位"支付报酬"的条款没有明确规定向实习生支付的实习报酬数额及相应规定。此外，文中提到的"相应的税收优惠"缺乏明确具体的规定，增加了政策实施的难度。此外，现行法律法规是针对企业接受实习生和教育经费等问题作出原则性规定，但没有明确激励企业参与实地工作的政策法规，加之监管缺失，确保企业真正参与到高职院校的实地工作中。

2.高校层面的原因

高职院校学生实习主要由院校和学生自行安排。由于在岗实习是高职院校校外实践教学的重要形式，也是校企合作人才培养模式的重要途径，各高职院校都在积极开展校企合作。但根据调查，我们发现高职院校对校企合作企业没有审核或深入了解，现行法律法规没有明确规定实习单位接收实习生的强制性规定，使大学在这个环节中处于被动地位。一些高职院校不与实习单位签订实习协议，即使签订了实习协议，公司基于自身利益，往往在实习协议中回避谈及实习生薪酬权益保护问题，有的只是原则性规定，缺乏明确硬性规定。一旦在岗实习期间学生的薪酬权益受到侵犯，由于没有明确的实习协议作为依据和参考，高校只能通过与实习单位协商处理。为了维护校企合作，维护自身利益，高校对实习单位没有过多的规定。

一些高职院校和实习单位无法明确自己的责任,一旦有事,就会互相推诿,学生的付费权根本得不到保障。

高职院校实习是实践教学环节的重要环节,是学生提高实践能力和综合素质的重要环节,实习的学生既是大学生,又是企业员工,企业有责任对学生的实地工作进行指导和监督,维护学生的合法权益。高职院校学生在岗实习时常遭受不公平待遇,被扣、拖欠甚至拒付实习报酬。从高校监管的角度来看,实习报酬权益的侵犯与高校实习指导工作不力密切相关。高职院校负责实习生完成实习前的指导和实习环节的指导工作。但目前高职院校学生实践指导体系不健全,缺乏系统性和规范性,对学生的实践指导作用不大。有些高职院校急功近利,忽视了相关实习法律法规的学习和实习生维权意识的培养。实习生在岗实习期间的实习报酬权益受到侵害时,职业院校缺乏相关的实习指导教师,由于实习生缺乏法律知识、能力薄弱,职业院校素质不够专业,实质上无法帮助实习生维护合法权益。

3. 学生层面的原因

随着高职教育的快速发展,高职院校毕业生越来越多。而企业都是根据自身需求招收实习生。岗位实习供需矛盾直接导致学生在岗位实习中处于不利地位,使学生在选择实习单位、签订实习协议时处于不利地位。据调查,在签订实习合同内容时,约定条款通常是由学校与实习企业联合制定。而作为实习的主体,实习生本身并没有发言权和参加学习合同内容的制定,而只是被动的签字。因为一般高职专科院校学生文化水平不高,且专业研究实力相对薄弱,因此受到的入职压力也比较大,学生实习时只希望通过参加实习以顺利完成学习任务,从而顺利毕业,同时也在实际工作环节积累实践经验,从而提升起步实力,为日后成功寻找工作机会打下了基础。有鉴于此,学生实习时担忧自身和实习单位之间的人际关系因为薪酬利益的维护而遭到负面影响，从而影响学习生涯乃至顺利毕业。在大多数情况下，实习生会选择放弃其合法的赔偿权利。

高职院校学生法律意识薄弱，自我保护意识薄弱。对在职实习的相关法律法规了解不多，也不知道自身的合法获得报酬的权利是何时受到损害的。在实习环节，缺乏相应的社会经验，实习单位拖欠甚至拒发实习报酬时，当实习生的报酬权受到侵犯时，实习生与实习单位协商，由于实习单位占主导地位，往往缺乏公平性。当谈判失败时，实习生往往会放弃维护自己的权益。但在通过法律途径维护报酬权时，实习生往往因缺乏相关法律知识、经济实力和时间精力等原因而放弃维护自身合法权益。高职院校学生实习的目的是培养他们的岗位能力。有的实习生对实地工作的目的认识不清，忽视了实地工作的真正目的，误解了实地工作的目的，没有把职业道德素质、专业技能的培养、学习、工作实力和工作经验作为现实最终目的，只是单纯关心实习单位的待遇和环境，片面追求实习，过分强调薪资和工作待遇，实习期间并不能真正提高自己的工作实力和实践能力。当企业未能按照自己的心理预期和规定支付实习报酬时，实习生就会被动、放慢脚步，严重影响实习质量。因期望过高，实习不稳定，实习单位频繁变动。

4. 实习单位方面的原因

公司企业在为实习生实习层面付出了人力资源、物力和财力，而实习生由于欠缺工作经验所带来的经济价值，却没有被公司企业所带来的实习薪酬所相抵，影响了实习的劳动生产率和企业效益。一些工作单位由于没有人性化管理和社会责任心，为谋求更高的经济收益，为降低劳动成本和省钱，将学生视为廉价劳工，当作创造财富的工具，少付甚至拖欠工资，而实习生也往往不得不加班，甚至没有其他形式的补偿。企业在谋求经营利益与切身利益之际，却常常忽略了教育高职人员在生产实践环节的教化功能。这些企业并不履行培养学员在职业院校学习的责任和义务。而这些企业也对实习生到外地工作只片面考虑，因为缺乏经验和技术不足而引起企业人力资源成本的提高，包括劳务报酬成本、由公司提供的实习管理费用等，以及忽略了实习给公司所带来的利润和长远效益。另外，由于少数公司并没有基本的法律意识，而目前由于实际操作的有关规章制度尚不健全，部分公司也会利用法规的漏洞，利用实习薪酬低于正式职工标准，加之大部分实习生没有基本的权利保护意识，公司从许多高等职业院校中招收很多实习生进行实地操作，并加班加点不给实习附加的实习酬劳或补贴。企业内部对实习身份也是有相应的成见，但实习岗位内部长期存在着薪酬均有的状况，根据调研，企业内部对实习生和正式职工的待遇差别比较大，由于公司企业不注重实习生身份，正式职工待遇与实习生显著不同，而做的工作却与正式员工的工作很类似，同工不同酬的情形也非常普遍，有的实习人员由于待遇问题而脱离了实习单位，由于企业没有健全的实习管理制度和实习生工资管理制度，使实习的劳动报酬权一直不受司法保障。

三、保障高职院校毕业生顶岗实习期间得到实习报酬的对策

（一）政策层面

1. 健全相关政策法规

通过前文的分析表明，当前规章制度的不健全是高职专业学生实习时间薪酬权利遭到侵犯的主要因素之一。所以，当务之急是尽快健全关于在岗学习期间实习工资的立法。

首先，针对当前中国职业院校学生实习立法的空白状况，国家相关主管部门可以按照《中华人民共和国教育法》《中华人民共和国劳动法》等

相关规定，在《职业院校学生实习管理办法》中，参照高等院校勤工俭学管理办法，对于高职专业学生，实习阶段的实际工作报酬做出细化规范，要求用人单位、实习生、高校三方须达成书面约定，以明晰学生各自权益，并规范学生实习的切身利益，包括具体实习报酬多少、具体付款方法等，以避免套利实践合同的性质。

其次，要明晰当地人民政府的管理职能。我国也可参照国外发达国家的管理经验。各地人民政府还应当建立专门的实习管理委员会，专职承担对学生在高职学校学习的管理，包括参加学习合同的履行与监管，以保证实习生得到一定形式的经济回报。此外，通过对中国目前状况的调查研究，人们普遍认为学生实习的报酬权不能受到很好保障的另一个主要因素是中国目前的立法还没有健全，缺乏专门的立法。将学生实习薪酬当成了保障学生合法权益的最基本依据。因此，在2007年中华人民共和国教育部颁布了《中等职业院校学生实习管理办法》，明文规定，实习岗位理应向学生支付科学合理的实习酬劳，高等院校和实习岗位不得没收或推迟支付学生的实习酬劳。政策中并未明确企业应怎样给付学生实习报酬，而是包括对同一职位正式职工的给付数额和实际收入比例。

同时，我们还看到，在企业安排实习生加班时，企业政策并没有对实习生的实习薪酬根据公司规则进行任何处罚，实习单位违反了实习生实习薪酬的正常情况。而通过上述调研，实际中很多实习单位都从企业效益考虑，为谋求最高的企业效益，缓解劳动力不足的问题，经常把实习生当作廉价劳工，实习企业带薪实习生在企业实习时往往无法解决实习生的基本生活费，一个职位的员工工资甚至低于工作能力，有的企业甚至违背良心强迫实习生加班不支付任何形式的劳动报酬。对于以上问题，政府部门要尽快建立并实施相关的规章制度，确定实习生在实践阶段的实习薪酬，保障实习生在实践阶段得到适当的实习薪酬，保证正常的生活费用。

2. 加大对实习单位的政策扶持，激发其参与顶岗实习的热情

实习生的工资权益没有保证的因素有较多。其中，政府奖励优惠政策的缺位与不健全也是重要因素。根据调查，现行税收政策对企业发展和企业经营的推动力较弱，或因程序复杂而放弃改革的。财政部税务局如2006年颁布《关于企业付薪实习有关所得税政策问题的通知》凡与高职学校签订三年以上长期合同的公司，工资发放仍在学校实践阶段，公司的个人所得税仍可在企业进行税前抵扣，但具体的税收管理方法将由税务局另行颁布。但现实状况是，申请程序过于繁琐，时限过久，对公司的推动力和吸引力都不大，所以政府需要制定更加完善的政策，引导企业主动接纳高职学生实习，并给学生提供合理的学习报酬，培训实习生的实践技能。因此，地方政府部门可以增加对实习单位的经济支持，对主动接收学生并提供实习服务的公司予以经济帮助和财政补贴，使实习单位的经济损失减至最低。地方政府部门还可通过实习单位培养实习生的素质，并提供一定的税费减免和优惠。另外，政府各主管部门可采取非物质手段对实习单位加以激励，对主动接纳实习并提供合理学习回报企业予以嘉奖和表扬，充分运用媒体的传播加大社会影响，提高认可度。

3. 加强行政监督

目前，我国在保护高职实习生的实习报酬等方面已经进行了一定力度，积极提倡并促进全国各地保护实习的合法权益。但在实际中，仍缺少具体的政府约束与监管，各行政机关应当共同参加，各司其职，起到有效执法与监督效果。我国方面可参考发达国家的经验。因此，当地人民政府可以设立实习理事会等机构，参加实习协议的制订，督促实习合同的实施。教

育机构、劳动部门和司法机关，要尽快建立和健全劳动监管机制。教育行政主管部门要强化对学生在高职学校工作学习生活的监管。比如，高等教育机构可以出台《实习合同大纲》，督促重点高等学校和学习工作单位签订严格的《实习合同书》。合同中应当详细规定，公司应该承担给实习生的实习费用、实际支出数额和学习过程各方的责任与义务，这都关乎实习生的切身利益。不符合标准的执业协议应当重新制定。劳动部门还应强化对实习单位的行政监督，指导中小企业规范用工制度，以减少中小企业实践的劳务风险，并及时处理好实习生和实习单位之间在劳务实践环节的争议。如果对实践报酬权没有保证，实习单位可向劳动部门申请劳动诉讼。司法机关也要充分发挥其执法职权，对非法侵犯实习生实习公司的薪酬权，除此之外，政府还运用各界和媒体的力度，进行监管，惩罚乱侵犯实习生实习的无良公司薪酬权，并揭露不良行为，运用各界和新闻舆论力度维护实习生的学习报酬。

（二）高校层面

1.建立高职院校顶岗实习学生管理制度

目前国家还没有出台专门的学生实习工作规范，高职学校可参考《高校学生进行实习工作管理规范》，制定职业高校学生进行实习工作管理工作规范，让实习工作的管理工作可以遵循，从而进一步增强职务高校对实习工作学生进行的管理工作力量。另外，高等职业院校和用人单位之间应当建立严格的实习合同，以保证实习学生的受教育权，同时明确规定实习生在实习期内得到的学习薪资数额、付款方式、薪酬比例等与相同职务的正式人员相同。高职学校也可参考发达国家的经验，建立专业的学生实习管理部门。比如，我们就可参考澳大利亚职业院校的经验，建立专业的学生维权咨询机构，进行学生司法政策咨询业务和心理咨询，并及时处理学生工作期间侵犯实习待遇的有关工作。实习后，有关机构还可能把以往的实习生权益被侵害案件整理成册并发行或是建立学生维权咨询网络。充分运用网络的辐射力和影响力，增强实习生维权意识，给在岗学生敲响警钟。高职学校应当建立专业的实习机构，由专门实习机构指导实习教师承担学生实习阶段的实习工作，督促其履行所签署的实习合同。实习期间及时与实习单位解决工资争议等，以确保实习生实习奖励。

2. 细化对高职院校顶岗实习学生的管理

高职学院除了享有通过咨询机构报酬权保障实习生的特殊权益之外，还设置了高等职业学院的实习档案管理机制，对学生实习状况进行了全面追踪，对部分高职专业学员违反报酬权规定的实际工作，定期根据管理情况对完成的职业生涯计划进行辅导讲座，使学员更加清楚参加实践的目的与含义，从而明确实践的目的不仅是拿到一定数量的工资，同时也掌握了实习实践中的专业知识与实践经验。另外，高职学院在选定实践单位时，还将评估实践单位是否符合有关政府文件的规定，高职学院还在与用人单位签订的合同中明确规定具体的实习单位。现场工作人员的责任与义务，如有损害学生实习权益的情形时，可根据实习合同的条款办理，维护学生实习的报酬权。

3. 加强对顶岗实习学生的法律宣传，增强法律意识和维权意识

通过上述调查分析可看出，高职学校学生在进行学习工作之前，由于学校的有关课程和法律知识讲座较少，实习生们对有关法规的认识也较少。实习环境和规章制度，学生维权意识较淡薄。而高职专业学生由于在工作实践中普遍处在劣势地位，且法律意识比较淡薄，从而导致岗位上实习报酬权遭到侵害的情形时有发生。所以，高职学校应该在工作中提高对实习生法规认识的宣传教育，以提高学生的自身防护和维权意识。同时高职学

校还应该建立学生薪酬的法律保障制度。如在高职学校举办针对实践法学的薪酬、实践完如何保障工资的定期宣讲、学校印发的学员实践管理手册等；在高职学校开设专门维护和规范的实习生实习法带薪专区，以推广维护学员实践带薪法权益和知识的案例。综上所述，高职院校要让实习生全面了解有关规章制度，以提高自身防范和自我保障的意识与能力。

（三）学生层面

1.高职院校学生应增强自身的法律意识

高等职业院校学生的报酬权频遭损害的关键原因是高等职业院校学生法制知识较欠缺，本身没有防范意识与维权观念。因此，高等职业院校学员作为在职学习的行为主体，应当积极主动把握有关实习的方针政策和管理制度，以提高法制知识和维权观念，并学习应用法律武器，以保障其合法权益，在权益受到侵害时寻求法律救济。高职学生在进行岗前学习之前应该熟知劳务和学习工作有关的法律政策和规章制度，并了解在岗前学习阶段的劳务权益与责任，并增加法学等基础知识。当实习单位在实习环节中损害了其薪酬利益时，就会懂得利用法律手段保护其合法权益。为此，在职业院校学习时期应该熟知《劳务法》《劳动合同法》等有关法律规定。如果实习生与实习单位之间出现了实习薪酬争议，实习生可联系学校请求校方协调，而平时应该增加与学校之间的联络，在学校与实习单位的支持下帮助解决报酬问题等。而如果校方无法解决时，实习生也可选择向劳动部门申请诉讼。另外，实习生还须保存用人单位侵犯其报酬权的证据，唯有如此，一旦权利被侵犯，实习生才能主动出击。

另外，保证实习报酬权最关键的条件就是和实习单位签订实习合同。它是由高职学校、高职学院实习生与用人单位双方所签订的合作协议，规定了各方的权利和责任。但是，在现实生活中，不少雇主基于企业效益考量，通常并不希望和实习生签订长期实习合同。在实践中，实习生的报酬权被侵害的情形也层出不穷。实地工作的学生逐渐意识到实习合同的必要性，可通过实践协议保障自身的利益。在学校和实习单位达成实践合同时，高职学生自身也最好能参加，为建立实习提供参考。实习合同的有关条款明确了企业与实习生双方的权益与责任，并促使其谨慎签订实习协议。

2.摆正心态，树立正确的职业素质

通过调查可以看到，部分职业院校学员过于强调个人经济报酬，并把此当做挑选实习单位的主要考虑依据，却忽视了社会实践的真正目的是培训综合能力，培养学员的社会实际能力和岗位适应能力。部分实习单位给出的实习薪资远未达到预期的薪资水平，同时很多企业给实习生提出的实习薪资并未根据正式工资的规定进行，薪资和工作不一致，也会相应地引起实习心态极大的失衡。所以，加大对实习生职业素养的教育训练已迫在眉睫。实习生需端正工作态度，以养成正确的职业素质。实习生要正确对待实习中的工资问题，从企业的长期视角来看问题的严重性。如将企业所提供的经济回报当作考核实践单位工作的唯一规定，显然误读了参加在岗学习的真实含义。根据实习身份的特点，再加上大学生、公司内准员工的特殊身份，实习生的主要目的一方面是完成学业，另一方面是通过社会实践工作增强实践能力，培养职业基本素质和综合能力，从而真正地为今后的工作做准备。所以，实习生必须知道，进行岗位实践就是在完成学校实际教育任务的同时，培养自身的实践能力与综合素养，而不仅是为了赚钱。只有掌握了一定的知识，实习生才有良好的职业发展前景，从而带来更大的效益。所以，实习生要培养合理的学习心理，切忌急功近利，因为短期的经济效益而放弃了掌握更多专业知识的机会。

（四）企业层面

1. 企业应树立正确认识，履行顶岗实习环节中的责任和职责

目前，我国高等职业教育的主体仍然是高职院校。企业不积极参与在职实习的原因有很多，包括高职教育模式不完善、法律政策缺失等。例如，对于高职教育应由企业承担的责任、鼓励企业参与高职教育的机制等均没有明确规定。许多企业为了顾及切身利益，削弱了教育功效，将实习生视为廉价劳动力和短期工。企业给予实习教师的任务只是宣传工作，而没有对学生有效地教育和引导。另外，实习教育培养的学生责任意识淡薄，也削弱了教育功效。大多数企业都无法履行其相应的责任和义务。于是企业应从社会发展的视角看待企业实习，积极探索并增强企业实习的培育功效，在增加效益的同时，也积极履行企业为社会培育具备技术技能的复合型人才的责任与担当。

首先，企业必须主动接受实习生来为企业工作，并意识到人才在企业发展中的重要意义，主动履行企业培养人才的责任与担当。企业接纳高职专业学员进行实习，一方面减少了职工培养的成本与损失，补充了企业劳动力，缓解了用工荒；另一方面，实习生也给企业带来了价值，从而增加了企业效益。所以，应教育企业转变经营观念，重新建立对学生职业实习环境的认识，以人为本，立足长远，以科学发展的眼光看待高职学生的实践，并致力于提升其意识。关注实习生对企业发展的长期影响。实习生成为新鲜血液，不但可以为企业发展提供新活力，还可以站在旁观者的视角对企业发展中出现的问题和隐患提供看法和意见。

其次，企业必须公平看待实习生，并改变对待实习生的方式态度。将实习生作为企业的正常职工，为实习生提供和企业正常职工一样的基本学习工资，并为其提供相应合理的学习回报，包括基本学习报酬、伙食补助

费、交通运输津贴、住宅津贴等，以解决实习生的基本生活开支。唯有如此，才能真正充分调动实习生的积极性与创造力，为实习单位创造更大的经济效益。

最后，企业要与高职学校建立实习计划，签订并严格执行标准实习协议，在签约环节，尽量由参加实习校方、企业和学生三方联合编制，明确实习薪资条件，包含企业提供给学习的具体薪资金额、给付方法和同职位正式职工的薪酬比率。针对不同情况、不同行业，根据当地法规给付学校合理的实习薪酬。另外，针对企业随意拖欠、规避、拒不提供实习薪酬等严重违反实习报酬规定的情况，在实习合同中也应有规定，企业须仔细履行职责，执行实习合同。

2.加强顶岗实习学生的管理，确保实习的实效性

一方面，高职学生实习前，必须完成校外实践性教学的任务；另一方面，若想成为企业的准员工，学生也必须完成自身的职业任务，为企业带来收益与价值。面对这些情形，针对高职学校内在岗学习生的管理，企业也不应该完全以对待正式人员的方法进行管理。应与高职学校协作，积极参与对在岗学习的管理，以保证对在岗学习的及时性与服务质量。为了做好对学生的管理，企业应该构建专门的学习管理机构，加强与院校内部的联络，并尽快解决实习生在实习阶段遇到的困难及问题。在学生上岗前，公司应做好预防措施。在职业实习中，教师一般为院校的专业教师。但因为没有相应实践经验，对学生在岗实践的辅导力不从心，无法确保学生在岗实践的时效和品质。所以企业派遣了富有经验和责任感的教师，协助学员解决实际中的问题，辅导学生工作、学习、生活中的方方面面，如果发现实习生实习报酬违规，企业也要积极处理，各部门之间不得互相推诿，以保证学生完成实习外勤的工作。

3. 采取必要的激励措施，激发实习生的热情

由于实习身份的独特性，高等职业院校学生在具体工作时间内和企业正式员工不同，在具体实例中，大多数企业的实习时间与企业的具体待遇差别非常大，尽管企业也会支付实习生相对合理的薪酬，只是比较正常的员工福利，但实习生缺乏其他待遇和升迁机遇，再加上很多高等职业院校实习生的自我调节能力比较弱，由于没有获取相应的激励与表扬，没有业绩而使情绪受到影响，对实习的兴趣也会大打折扣，因此部分实习生会选择改换实习岗位或是明确提出再次实习。因此，针对调动实习的积极性，企业应当制定必要的鼓励举措。在物质奖励层面，企业可以对在职位上表现积极、工作成绩优秀的实习生，给予相应的工作补贴和奖励；在精神鼓励层面，公司企业可采用通过举办表扬大会、授予荣誉证书等多种形式，给实习生提供奖品，以提高实习生的成就感，调动实习生的工作与学习激情，从而充分调动实习生的积极性与能动性，为企业创造更大的经济价值。

第七章　高职院校毕业生顶岗实习的权益保障机制

一、高职院校毕业生顶岗实习的权益

(一) 高职院校毕业生顶岗实习的权益内容

1. 高职学生顶岗实习的特点

顶岗实习,其具体来说就是在结束教学实习或者是已经完成绝大多数的基础技术课程之后,深入与专业对口的现场开展实践活动,深入实际的生产过程中,通过对本专业学习相关理论知识以及技能的应用,完成相应的生产任务,同时能够加深自身的认知以及理解,能够学会相应的操作技能,进行企业管理的学习,并在此基础上以一个积极的态度开展实践性教学的一种形式。与大学本科生开展的普通实习相比,顶岗实习与其之间存在较大的差异,同时其与大学毕业生正式开展的工作之间也大有不同,其需要学生能够从一而终地履行自身的职责,其所具备的挑战性是非常显著的,可以有效锻炼学生自身具备的能力。

与大学本科生的普通实习相比,顶岗实习为职业学校加大力度落实"工学结合,校企合作"模式的一项非常重要的内容,和普通实习之间存在较大的差距。顶岗实习并非无偿实习,学生在顶岗实习的过程中相关实习单位需要给予学生相应的报酬。通常来说顶岗实习的时间要更长一些,大多在一年左右。

大学生实习具体来说就是在校或者已经毕业的大学生到单位进行实践，把在学校所学的相关理论知识应用到实际当中，有利于提高大学生自身的综合素质以及就业能力。虽然大学生实习的实质为教学实习，但其主要为在校大学生按照教学方面的安排，深入用人单位开展相应的工作，此种类型的实习为无偿的，主要的目的是通过参加学习实践活动锻炼学生自身的能力，时间相对较短一些，通常为一至三个月。

与正式工作相比较，顶岗实习同样存在相应的差异。从学习理论的角度来讲，顶岗实习为双重身份，但其在具体实践的过程中仍然按照学生的身份进行认定，顶岗实习期间的学生不需要和相关单位签署劳动合同，从法律的角度来说两者之间并不是劳动关系，所以不能够享受正式员工的待遇或者权利，其通常是不受相关法律保护的。而对于正式员工来说，其会与单位签订劳动合同，这样构成的劳动关系，是受到相关法律权益保护的。

2.高职学生顶岗实习期间的具体权益内容

现阶段各大高职学校都开始加大力度落实顶岗实习的教育教学模式，在这样的背景下，高职学生在顶岗实习过程中存在的问题以及矛盾逐渐显露，特别是高职学生在顶岗实习期间的合法权益常常受到侵犯，自身的权益无法得到有效的保障，此类问题目前受到了社会各界的广泛关注。针对当前阶段高职学生在顶岗实习期间的权益受到的侵犯，有相关研究者将其归纳为以下四个方面的情况：第一，在人身安全以及健康方面没有获得相应的保障；第二，在专业实践以及指导方面没有获得相应的保障；第三，在顶岗实习的过程中学生自身的待遇以及权利没有获得相应的保障；第四，在实习生受到伤害之后，实习单位给予的赔偿方面没有获得相应的保障。

对于高职学生在顶岗实习期间的具体权益内容来说，其主要能够划分为以下五个方面。

（1）报酬权

我国相关法律法规规定，企业或者事业组织可以接收职业学校或者相关培训机构的学生以及教师到单位参与实习，对于其上岗实习，需要给予相应的报酬。在实习的过程中，企业应该和学校协调配合，共同组织开展理论知识以及技能实训教学，在学生实习的过程中保障学生劳动安全，同时给予学生应得的报酬，这样高职学生在顶岗实习的过程中才能够拥有相应的报酬权。

（2）劳动保护权

在学生实习的过程中，企业需要与学校协调合作，共同为学生开展理论教学以及技能培训工作，在学生实习的过程中需要保障学生的安全，同时能够给予实习学生相应的报酬。企业在高职学生顶岗实习的过程中需要提供安全以及卫生的工作环境。我国早在2007年就已出台相关法律，规定了顶岗实习学生的劳动保护权利。

（3）工伤保险权

工伤保险权具体来说就是相关劳动人员在工作过程中出现了工伤、致病或者致残，甚至死亡等事故，根据相关法律要求，在经济方面或者物质方面获得相应补偿的一种保险。然而在日常生活中，通常会觉得实习单位和实习学生两者之间并不存在劳动雇佣关系，所以不能将其划分到工伤保险的范畴，所以相关的《工伤保险条例》中所划分的保护范围并不包含顶岗实习学生。在这种情况下，高职学生在实习过程中如果受到了伤害，要想获得相应的赔偿是存在很大的难度的。所以说，顶岗实习学生工伤保险权的制定已经是迫在眉睫了。

（4）休息休假权

我国相关法律规定，我国的劳动人民具有休息的权利。国家在劳动者休息以及休养设施的建设方面不断加大力度，同时制定了与职工工作开展时间以及休假相关的制度。所以休息休假权是《中华人民共和国宪法》赋予我国广大劳动者的权利。休息权从本质上说应该为一种天然权利，是一项非常具有基础性的人权。《中华人民共和国劳动法》在劳动者的劳动时间以及休假方面有着明确的规定，例如，需要相关的用人单位每周给职工最少一天的休息时间，每逢节假日需要为职工安排休假，同时每年年底落实带薪年假等。而对于高职学生来说，其在顶岗实习期间确实拥有相应的休息休假权利，但从实际情况来看，存在一部分实习单位随意变更顶岗实习学生实习时间，经常会出现节假日加班不休息的现象，同时顶岗实习学生所获取的劳动报酬比正式职工低很多。受各方面原因的限制，学生只好被迫接受。所以高职学生在顶岗实习期间的休息休假权常常无法得到保障。

（5）学习权

学习权同样也是一项基础性权利。学生自身具备的学习权，具体来说就是拥有接受老师传授的知识以及接受老师指导的权利。虽然此种权利看似非常正常以及普通，但实践中此项权益容易被忽视。高职学生在顶岗实习期间，常常无法有效地获取老师所提供的知识传授以及技能指导。一些学生在实习过程中常常仅被视为劳动力的角色，工作量非常大，因此并没有足够充裕的时间开展学习，自身的实践技能也无法获得有效的提升。所以学生自身具备的学习权需要在顶岗实习期间引起实习单位以及教师的足够重视。

（二）高职院校毕业生顶岗实习权益保护的重要性

1. 对高职学生积极性的影响

现阶段的中国经济体形式发生了很大程度的改变，从传统的中国制造逐渐转化成为中国创造，在这样的背景下，社会对于职业技能人才的需求也变得越来越迫切。而对于职业学校来说，其为当下培养技能型人才的重要基地。为了有效提高技能型人才培养的效率，高职学校通过以顶岗实习模式的应用为一种非常有效的手段。所以说，顶岗实习是职业学校在进行技能型人才培养过程中的一项非常重要的内容，而对于顶岗实习学生提供权益保护，对于顶岗实习整个过程的顺利高效开展具有非常积极的意义。若高职学生在顶岗实习期间自身的权益没有得到充分的保障，那么对学生自身的积极性会造成非常不利的影响。

因为当前阶段并不具备较为完善的高职学生顶岗实习权益保护制度，导致高职院校通常对于实习生给予的重视程度不够，相关实习单位也常常因为利益驱使而出现随意聘用实习生的现象，同时一部分实习生自身的权益保护意识淡薄。以上几个方面因素的存在，会导致高职学生在顶岗实习期间常常受到相应的侵害。

就当前阶段的总体情况来看，高职毕业生在顶岗实习过程中自身权益受到侵害或者是无法得到有效保障，可划分为以下几个方面：第一，高职学生在顶岗实习期间由于出现的安全事故导致自身受到了侵害，在这样的情况下，学生进行维权或者与实习单位索赔常常存在较大的难度。第二，实习单位的工作和自己所学的专业不相符，教师对实习学生给予的指导不够，根据相关的一次实践调查研究表明，有28%左右的学生在毕业之后顶岗实习的单位与自身的专业不对口，有大约40%的学生在顶岗实习期间缺少指导教师的监督，这对学生自身操作技能水平的提高产生了不利影响，除了会对学生自身的权益造成损害之外，也失去了落实顶岗实习模式的原本意义。第三，经常会出现同工不同酬的现象，甚至个别实习单位会故意压低实习学生的薪酬。第四，实习单位经常会故意延长实习生的工作时长，加班现象非常普遍。一些高职学生在顶岗实习期间不但没有学习到新的知识和技能，反而沦为打工者。例如某职业学校的物流专业学生在顶岗实习的过程中主要担任的角色是仓库管理人员或者是仓库货物的搬运工，基于此种现象，学生自身所在的岗位和所学的专业之间并没有较多的联系，所以无法在专业技能提升方面发挥相应的作用；还有部分职业学校的旅游管理专业的学生到酒店顶岗实习，有许多学生多数时间做的是洗碗刷盘的工作，如果从事这样的工作，那么学生与打工人员基本上没有什么两样，同时其薪资待遇还要低于正式打工人员。针对此种情况，顶岗实习的学生虽然表示十分不满，但实习学生面对此种情况更为弱势，所以并不会做出相应的举动，只好忍气吞声或者是离职，自行找寻相应的实习单位。

对于自身权益受到损害的实习生来说，其维护自身权益存在较大的难度，这便会对学生顶岗时期的积极性产生较为不利的影响，针对此种情况，要想能够有效提高顶岗实习期间学生的积极性，就需要能够为顶岗实习期间学生自身的权益提供强有力的保护。对于高职学生来说，其在顶岗实习期间拥有足够的积极性以及高涨的热情，有利于提高其在实习期间学习以及工作的效率，这样在实践的过程中才能够实现自身技能的有效提升，将自身的精力更好地投入到工作和学习当中，从整体上提高自身的综合素质，更好地满足当前时代发展背景下社会对高技能以及高素质水平人才的需求。

2.对校企管理的影响

学生在顶岗实习期间，开展的实习活动与学校、实习单位以及实习学生三者之间存在相应的社会关系。为了能够为顶岗实习学生自身的权益提供有效的保障，就要将三方各自相应的权利以及义务充分落实下去。对于顶岗实习来说，其为学生课堂学习的进一步延伸，是学校开展专业教育过程中的一项非常重要的内容，因此，实习学生和顶岗实习的关系同样也为教育管理关系。针对实习生，学校不仅自身应尽相应的教育、管理以及保护方面的职责以及义务，学校更应该负责地为学生选择合适的实习单位，针对学生开展相应的安全教育，派遣相关教师能够在学生顶岗实习期间为学生提供相应的管理以及指导，为学生自身的权益提供有效的保障。

通常来说，高职院校和实习单位两者之间需要基于工学结合的条件开展相应的校企合作，需要学校和单位之间能够达成相应的合作关系，能够针对顶岗实习方面的问题签订相应的协议，企业需要根据学校提出的要求为实习学生提供与其所学专业对应的岗位，能够为学生实习环境的安全以及卫生提供有效的保障；能够给学生支付其对应的报酬；根据相关要求为学生提供相应的休息以及休假时间。实习单位需要将自身应尽的义务充分落实下去，为学生在实习期间的权益提供有效的保障，这样学生在实习的过程中才能够对所在实习单位有一种认同感以及归属感，能够将自身精力更好地投入到工作过程当中，为实习单位创造更为可观的效益。高职学生在实习单位的努力工作以及学习，能够得到有效的成长以及进步，这样实习单位也能够从众多的实习生当中挑选适合自身单位需要的人才。

3. 对职业教育发展的影响

学校以及实习单位保证管理工作开展的规范性对于保障学生自身的权益来说是非常有利的，同时也能够更好地调动学生在实习期间的积极性，让学生在顶岗实习的过程中能够达到"做中学"以及"学中做"的效果，实现理论与实践的有机结合，实现自身专业技能的有效提高，同时也能够在实践的过程中不断提高自身的综合能力，能够更好地适应社会，为后续的就业奠定坚实的基础，这对学生自身的发展来说具有非常积极的意义；顶岗实习的高效开展同样也能够促进高职学校教学工作的高效开展，为社会培养更多的高技能以及高素质型的人才，这同时也有利于高职院校自身的发展以及进步；实习单位可以在学生顶岗实习期间找到适合自身企业、能够对企业的发展提供帮助的人才，进而能够和高职学校之间建立良好的合作关系，达到"校企共建"的效果。此种互利共赢的局面对于推动我国职业教育的长期稳定发展来说具有非常积极的意义。

二、高职院校毕业生顶岗实习权益保护的现状

（一）高职院校毕业生顶岗实习的立法现状

在 2016 年之前，我国在高职学生顶岗实习权益方面并没有制定专门的规定，所以在这个时期顶岗实习学生自身和实习单位之间形成的劳动关系是不受法律所认可的。我国劳动部门在 1994 年 7 月 5 日出台的《中华人民共和国劳动法》当中提到了法律对于劳动者的适用范围，主要包括以下三个方面：第一，国家机关、事业组织以及社会团体等相应的工勤人员；第二，落实企业化管理的事业组织非工勤人员；第三，除以上两点之外和国家机关、事业单位或者社会团体之间存在劳动关系的劳动者。而劳动部门出台的相关规定当中提到，处在学校学习的学生，通过利用业余时间进行勤工俭学，不能够将其看做为就业，在此种情况下没有达成劳动关系便不需要签订劳动合同。因为存在以上几个方面的规定，所以顶岗实习一般都会被看作在校学生，从法律角度上来说并不是一个劳动者。高职学

生与实习单位这个不存在法律层面的劳动关系，虽然现阶段的国家和相关政府部门在学生的实践活动方面给予的重视程度越来越高，也出台了相关的法律法规针对此方面存在的问题加以调整，但从实际的角度来说，所制定的法律法规并没有足够的可操作性，层次相对较低，特别是针对实习学生的权益保护方面和相关实习单位应尽的职责方面没有详细说明，其中《中等职业学校学生实习管理办法》制定的主要依据就是《中华人民共和国教育法》以及《中华人民共和国劳动法》等法律，然而实际上我国的相关劳动保障行政部门却没有参与法律确立的过程。

《国务院关于大力发展职业教育的决定》当中提到了"应用2+1"的教育模式，也就是学生在学校进行两年时间的学习，接下来大约一年的时间到与自身专业对口的实习单位带薪实习。对于顶岗实习来说，其为教学计划落实过程中以及课程大纲当中非常重要的一项内容，是落实生产实际和专业知识有机结合的一种教学形式。在实习的过程中，基于教师以及企业师傅给予的指导或者组织，学生会以其相应的身份，例如，技术、生产以及服务等人员在专门的岗位上进行生产实践，因此顶岗实习的过程同样也是学生自身技能以及技术锻炼的一个过程。在《国务院关于大力发展职业教育的决定》当中虽然在"带薪"实习方面有着相应的规定，但却缺少对于薪资标准方面的规定；虽然提到基于教师以及企业师傅的指导，但实习生在具体操作期间，因为师资力量匮乏以及实习学生比较分散等方面因素的影响，很少会出现专业教师深入生产现场做指导工作，同时企业师傅由于自身的教学能力以及个人压力方面因素的影响，其自身对顶岗实习学生开展的实践指导工作往往心有余而力不足。

有相关的地方立法当中说明了为实习学生提供保障是社会总体的责任，但是却没有说明实习学生自身受到伤害等事件赔偿方面的问题，同时地方法律具有较强的局限性，适用范围相对较小。

2016年的4月份，我国的教育部门、财政部门以及人力资源社会保障等多个部门专门针对职业学校学生实习管理出台了法规。在这当中在实习学生自身的权益保护方面提出了相应的规定，同时也说明了顶岗实习学生报酬方面的一些问题，但该法律在学生在顶岗实习期间人身受到伤害的赔偿问题方面仍然没有明确的说明。

（二）校企对高职院校顶岗实习学生的管理现状

学校针对实习学生、实习单位起到的约束作用只是一份"学生顶岗实习协议书"，协议针对实习学生自身的权益方面给予的规定是比较简单的。比如，职业学校在学生顶岗实习方面签订的协议中，在学生实习的报酬方面只是简单地明确报酬的具体金额，在两方达成协议之后便可以签字；而在实习学生的劳动保护权方面的规定，只是说明了甲方需要向乙方提供安全的工作环境等，所制定的相关条例比较模糊；在顶岗实习学生的学习权方面的规定，甲方需要为实习学生派遣相应的指导老师为实习学生的日常管理工作负责，在顶岗实习结束之后，需要对实习学生在实习过程中的表现作出相应的鉴定工作，在这方面的规定当中并没有针对指导老师到实习学生的产生实践现场指导方面给予明确的规定，此种现状的存在便导致顶岗实习学生很难实现自身的学习目标；另外，在顶岗实习学生的休息休假权方面并没有给予相应的规定。

陈俊兰等人从相关的实践研究当中了解到，学生在实习过程中，企业以及学校针对学生在没有安全保障环境下工作的行为没有制止，同时顶岗实习期间学生自身的工作量较大并且工作时间长，薪资待遇与付出不成正比，专业不对口的问题非常普遍。

顶岗实习学生在实习期间自身的权益受到了侵害，学生采取的行动通常是向学校求助，但实际上学校并不是国家权力机关，其对于此方面问题采用的解决的方式只能是和学生所在的实习单位进行协商，但通常情况下职业学校已经和实习企业完成了长期校企合作关系的建立，要想能够为此种关系提供维护，学校只好妥协，这样顶岗实习学生自身的权益便很难得到有效的维护。

针对企业来说，其接受顶岗实习学生的最终目的一定是企业的利益以及企业的发展，并不是为了给实习学生提供教育。从成本方面来说，企业其实比较乐意接受顶岗实习的学生，主要原因包括以下三个方面：第一，高职学生自身具备相应的理论知识；第二，对于高职学生应用的成本相对较低；第三，对于高职学生工作时间的确定较为随意。由于利益的驱动，一部分的实习单位通常会存在侵犯实习学生自身权益的现象。从当前阶段拥有的许多证据当中能够了解到，许多企业对于实习学生的接受打着实习的名义，实质上却是让学生在自身企业打工，明确来说就是钻法律的空子，不需要和实习学生之间签署任何的劳动合同或者是为实习学生缴纳社保，不需要投入过多的成本便能够使用学生用工。部分企业通常会在生产的旺季阶段，也就是劳动力较为匮乏的时期和职业学校展开合作，以此来获得较为廉价的劳动力，同时此劳动力的来源相对稳定；到了生产的淡季阶段，企业的劳动力比较充足，企业便会依据自身的生产需求提前结束实习学生的实习，不需要付出任何代价便将实习学生送回到学校，所以学校以及企业的管理在这当中根本就不存在。

（三）顶岗实习期间高职学生自身权利的保护现状

1.高职学生的权利保护意识

对于高职学生来说，其自身并不具备较强的法律意识以及权利保护意识，自身的观念较为淡薄，这也是高职学生在顶岗实习期间自身权益容易受到侵害的重要因素。从相关的城市调研研究报告当中能够了解到，当前阶段有27%左右的高职学生在实习单位实习的过程中并没有签订实习协议，对于实习过程中有可能发生的事故以及存在的安全隐患等内容以及此类事件发生实习单位应该承担的责任，基本上不会写入实习协议。

针对权利意识而言，其具体来说就是社会成员在自身的利益方面给予的认知或者提出的要求，同时也包括对其他利益相关人展开的社会评价。其主要包含了两个方面的内容，一方面是个体在自身的权利方面给予的认知以及要求，另一方面是个体在他人的权利方面给予的认知以及要求。就当前阶段的总体情况来看，我国的高职学生在自身具有的权利方面并没有足够的认知以及要求意识，权利意识普遍较低，这便导致了高职学生自身并不具备较强的自我保护意识。具体表现为高职学生针对自身拥有的权利比较模糊，对于有关法律给予的认知程度不够，无法明确在顶岗实习过程中自身本有的权利，所以根本无法保护自身的权益。

2.高职学生的维权意识

高职学生自身并不具备较强的维权意识，其涉及多种性质的法律关系交叉，同时也不具备足够的维权能力，相关统计调查表明，有九成以上的学生在明确自身权益受到损害的前提下无法为自身权益的保护作出相应的举措，通常会选择忍气吞声。从一方面来说，高职学生自身不具备足够的法律知识储备，就算是了解了自身的权益已经受到了侵害，也不懂得应该怎样维权，所以通常会抱着能忍则忍的态度。

三、高职院校毕业生顶岗实习权益保障机制存在的不足及原因

（一）高职院校毕业生顶岗实习保障机制存在的不足

1.实习基地不足，顶岗实习管理工作的开展难度大

顶岗实习学生自身所在的岗位对其实习质量产生的影响是非常深远

的,对于岗位选择的恰当性会直接性地决定着顶岗实习能否得到顺利开展,同时也会影响着人才培养方案落实的效果,但是就当前阶段的实际情况来看,要想能够建立一个具有足够稳定性以及长久性的实习基地,保证岗位数量的足够对于高职院校落实岗位实习来说是比较困难的。根据相关的统计调查结果表明,可以满足高职学生到实习单位进行顶岗实习的基地是比较匮乏的,多数学生会选择自己去找实习单位。

和学校相关负责教师进行的谈话能够了解到,学生比较希望可以在顶岗实习期间受到更具系统性以及专业性的指导,以此来使自身的专业技能水平能够得到有效的提升,更进一步减小学校所学习到的理论知识和实践工作两者存在的差距,这样便能够为后续的就业以及发展做好铺垫。但实际上当前学生的岗位通常是基础性的,并不会具备较强的专业性,比较缺乏技术含量,使学生认为自身的工作和理想之间存在的差距过大,这样学生便不能够将自身的精力投入到工作当中,因此经常会出现随意换公司的情况。学生的人数比较多,学校外部拥有的实习基地比较少且缺少稳定性,基于此种现状学生的专业经常会不对口,普遍会出现学生跳槽的情况,这样学生便会更为分散,对其开展的管理工作存在较大的难度,以上存在的几个方面的因素使得高职学生在实习的一年当中基本上都会处在粗放式管理的状态,这样高职院校顶岗实习要想能够获得良好的效果难度是非常大的。

2.学生自身权益受损,没有较多的维权渠道

对于顶岗实习期间的学生来说,其通常会处在弱势的地位,其自身的权益比较容易受到侵犯。相关的实践调查研究表明,当前阶段大约只有40%的学生和实习单位之间签订了学习劳动合同的,还有很大一部分的学生和实习单位之间并没有签订相应的协议。有60%的学生在实习的过程

中会自行去购买保险,另外40%的学生在企业没有为其购买保险的情况下进行了顶岗实习。除此之外,在顶岗实习期间,学生自身的权益也通常会受到侵犯,通常受到侵犯的权益为人身安全、休息权以及报酬权。有许多企业将注意力都集中在所获取的利益方面,同时也想避免工作上出现任何的麻烦,只是为实习学生提供相应的工作岗位,缺少和实习学生之间进行合同签订的环节,将学生视为廉价劳动力,为了能够在更短的时间之内结束劳动任务而让学生加班的现象非常常见,如果学生自身的安全受到的威胁通常会辞退实习学生,学生面对这种情况也找不到方法求助,自身的权益会因此受到损伤。如果实际当中学生自身的权益受到的损伤,那么大约有67%的学生会找到实习单位的相关负责人协商,还有30%左右的学生会向自己所在的学校寻求帮助,还有一部分学生通常会忍受或者是主动离职,这对于学生自身职业认识的形成以及职业发展产生的影响来说都是非常不利的,这对顶岗实习的顺利开展会造成较为严重的限制。

3.顶岗实习缺少过程管理,监控评价难度大

目前许多的高职学校在学生顶岗实习方面缺少运行管理监督机制以及教学质量评价体系,针对学生开展的管理工作学生经常会出现缺位的情况。在落实顶岗实习之后,学生从学校离开到社会的企业开展工作训练,针对实习学生的岗位和专业对口方面的情况给予统计调查,能够发现学生顶岗实习的专业对口率和预期之间还存在较大的差距,同时大部分学生在顶岗实习期间换了许多份工作,学生跳槽现象非常普遍。但学生的跳槽通常会和指导老师联系,因为顶岗实习单位具有较强的分散性,学生的流动性也比较大,这便很大程度增加了指导老师的工作量,同时因为受指导老师数量以及经费等方面因素的限制,使指导老师对众多顶岗实习的学生具体工作情况并不能有一个充分的了解,在实习期间通常是按照实习学生主动

联系指导教师的形式，同时还有很大一部分学生觉得自身所在的学校并未安排专门的指导老师，有20%左右的学生觉得除了没有学校指导老师之外，也没有企业指导老师。《顶岗实习管理办法》中的相关规定表明指导老师需要针对实习学生在顶岗实习期间的成绩进行评定，评定的主要内容和依据主要包括四个方面，分别为顶岗实习期间的日常表现、实习报告、工作日志以及实习单位工作鉴定表。但指导老师是不能够有效获得学生在实习过程中的具体表现的，在这样的情况下，指导老师对于学生实习工作开展的鉴定只好应用一些比较简单的主观评语，有时还有可能出现鉴定作假以及自我鉴定等情况，这样指导老师实际上是不能够给予正确客观的评定的。从这当中足以能够看出，学生在顶岗实习的过程中，学校针对学生的管理方面通常为"真空"的状态，学校也不能够针对学生的分散情况开展高效的管理监控以及评价工作，这对于顶岗实习质量的有效提高非常不利。

4. 企业参与度低

对于高职学生的顶岗实习来说，企业为其最重要的基地，学校是非常想要企业能够深入到工学结合的人才培养当中，以此来加强对企业需要技能型人才的培养。但是对于学校和企业来说，两者为不同的利益主体，学校主要的工作是进行专业技术人才的培养，在我国社会经济发展过程中供应相应的人力资源；企业主要为经济利益，其最终的目标是提高经济效益，同时通常会将教育以及人才的培养视为学校应尽的责任以及义务，学生需要在学校的内部来提高自身的专业技能，而企业主要对人才进行应用，针对学校对人才培养最终的效果给予检验。根据相关的调查研究表明，有5%左右的学生主要是在民营以及私营企业当中进行实习，还有20%左右的学生和66%左右的企业觉得接收顶岗实习的学生主要的目的是能够通过此种方式对新员工进行考察,同时也能够增强企业的专业化人才储备,对于顶岗实习的最终目的来说,学生和企业两方的看法是不同的。其中有一大部分学生觉得企业乐于接收顶岗实习学生的主要原因是减少人工成本,还有一部分学生觉得主要原因是为弥补企业阶段性的用工不足情况。在结束顶岗实习之后,得到签约录用的学生数量不超过20%,还有几乎达到了50%的学生长期处于实习阶段。从这当中能够看出,一部分企业的主要顶岗实习学生接受目的是能够利用更为廉价的劳动力,以此来缓解企业存在的阶段性的人力资源不够的问题,所以并不会将高职学校实习学生的培养看做自身的责任或者义务。

5.学生缺乏顶岗实习的积极性,没有较强的适应性

顶岗实习为当前阶段高职院校人才培养过程中不可缺少的一项内容,但是一些学生却没有在企业的实习实训方面给予足够的重视,学校并未针对学生给予统一安排使其进行顶岗实习,部分学生经常会以考证等理由不想去服从顶岗实习安排。根据相关的调查研究表明,只有20%左右的学生顶岗实习的时间达到了半年或者一年,大部分学生的顶岗实习时间没有达到半年,少数学生没有机会或者是根本没有参与顶岗实习的想法,没有严格遵循政府部门的相关规定;部分学生无法接受校企合作以及双重管理,在顶岗实习的过程中常常会出现消极怠工的情况;部分学生自身的心理较为脆弱,在工作期间遇到一点挫折便不能够忍受;还有一些学生对顶岗实习表示抗拒,跳槽情况非常普遍。学生在顶岗实习方面并没有给予绝对的认可,同时在此方面并没有表现出应有的积极性,有超过一半的学生觉得顶岗实习的总时间不应该超过六个月。

从以上调查分析当中能够了解到,高职院校顶岗实习保障机制在许多方面存在相应的不足,没有足够的专业对口率,管理工作的开展存在许多

困难，学生自身的权益很容遭到侵害；企业在学生顶岗实习方面并没有做到积极参与，通常情况下是为了应付企业生产旺季的工作量接受高职学生到企业实习；顶岗实习的过程管理以及监督评价开展存在较大的难度，学生所在的工作岗位并没有足够的技术含量，不能够有效吸引学生全神贯注地工作，这便使顶岗实习人才培养效果很大程度降低。

（二）高职院校毕业生顶岗实习保障机制不足的原因

1. 虽有宏观指导政策，但政策法规细则缺少可操作性

现阶段，国家以及地方已经拥有较多的推动企业和学校合作的法律以及法规，为顶岗实习实践教学也提供了强有力的支持，但所拥有的政策相对较为零散，缺乏系统性，同时也不具备相应的执行措施，这对政策法规的落实来说会造成较为严重的限制。有许多职业教育发展方面的相关文件提出要不断加大力度促进顶岗实习人才培养模式的发展以及落实，但所制定的法律法规大多都是较为宏观的指导意见，没有关于企业及学校在顶岗实习期间利益、责任以及义务等方面的详细规定。

对于政府部门来说，其为社会公共事务管理人员，需要政府能够深入到职业教育的发展过程中。但当前阶段职业学校学生顶岗实习的开展主要依靠的是学校的力量，政府在此方面并没有过多的参与，不仅缺少相关的政府文件明确企业的责任以及义务，同时也缺乏相关的法律法规对企业形成规范效果，所以不能够实现学校和企业合作顶岗实习有效机制的建立。近年来，我国已出台了高职学生实习生以及毕业生的就业条例，在此制度文件当中说明了学校需要在学生的顶岗实习方面给予足够的重视，针对学生的实习专门投入资金，同时相关的政府部门也需要能够在财政预算当中为顶岗实习安排专门的资金，将其应用在顶岗实习期间学生的实习以及指导方面，为企业对实习学生开展的培训工作提供相应的补贴。但实际上所

出台的规定仍然处在表面支持层面,并不能够对其给予有效的落实,同时在企业应尽的职责以及义务方面也没有专门的规定。所以所出台的指导政策过于宏观,并不具备足够的权威性,同时也不具备足够的可操作性,这对于政策具体落实的力度以及执行效果的提高会造成较为严重的限制。

2.经费投入少,校企合作的积极性降低

国家政策要想能够得到有效的贯彻和落实,一定不能够缺少政府部门在此方面投入的经济保障。近年来,政府一直在不断加大力度贯彻和落实人才强国的战略,在这样的背景下,职业教育得到了很大程度的发展与进步,在职业教育方面给予的经费投入也越来越高。但就总体情况来看,国家以及政府部门在职业教育方面给予的投入非常有限,每个学校在学生顶岗实习方面给予的经费投入更是少得可怜。学校对于学生的顶岗实习并没有给予足够的投入,便不能够及时更新学生在实训过程中应用的各类机械设备,同时也无法为教师参加培训方面提供更多的支持,学生拥有的专业技能无法有效满足社会的实际需求,针对实习学生素质方面开展的培养工作也很难满足企业的实际要求,基于此种情况,学生在进入企业之后便不能够到与自身专业相对应的岗位进行实习,这对于实现校企共同培育人才来说是非常不利的。

相关政府部门利用经济想要平衡校企合作期间两者在经济利益方面的关系,采用出台财政补贴以及财政税收优惠等手段使企业能够拥有更多的供学生实习的岗位,为实习学生创造更多的实习机会。但实际上针对企业开展的相关调查研究表明,虽然相关优惠鼓励政策落实到了各个实习企业当中,但许多企业在国家给予的优惠政策方面了解程度不够,还有一部分企业虽然对优惠政策了解比较深刻,但其却不愿意落实政策,主要原因是此类政策的优惠力度并不大,同时拥有的制度并不清楚,实际操作存在较大的难度。和职业院校合作而开展的顶岗实习需要投入的成本做比较，基于企业内部开展的实训工作在成本方面要更低，以至于一部分企业宁愿放弃政府部门给予的补贴也不想落实优惠政策。从这当中便能够看出税收优惠补偿具备的单一性特点不能够有效地调动企业参加校企合作，接收顶岗实习学生的积极性。

3.缺少统一的推动顶岗实习的管理机构

加强对职业教育宏观管理协调机制的建立为促进职业教育持续稳定发展的重要手段。当前阶段的职业教育常常会出现多头管理的情况，各方的职能并不明晰。在校企合作进行期间，有许多学校主要依靠自身的力量维持校企合作的进行。相关政府部门在促进校企合作的发展方面仍然处于引导以及自由实践环节，在校企合作方面并没有为其建立互动平台，缺少相应的统筹协调机构，同时也没有在职业学校校内对口协调性机构的设置方面作出相应的引导；企业针对校企合作教育方面并没有建立专门的机构，导致校企合作工作的开展具有无序性，政府并不能够将自身具备的行政管理职能充分发挥出来，而缺少统一的推动顶岗实习的管理机构一定会导致职业学校的顶岗实习不具备足够的驱动力，校企合作的关系不具备足够的稳定性，无法为顶岗实习开展的质量提供有效的保障。

4.行业组织的作用无法得到有效的发挥，缺少专门的信息交流平台

针对职业教育政策来说，行业组织是其重要的建议者，信息的传播者，在促进校企合作以及顶岗实习方面发挥着非常重要的作用。行业组织对当前行业的经济运营、企业发展以及市场的实际需求最为了解，具有足够的资格和能力制定及修改相关的标准以及规范；有权利进行行业技术以及相关经济信息的发布，针对市场给予相应的预测，制定相应的行业人才培养标准，使企业以及学校能够享受更好的信息服务，鼓励职业学校能够更好

地满足行业及企业的具体需求开展办学工作；有足够的水平创建校企信息交流平台，使企业能够挑选更为合适的人才，在解决学校顶岗实习期间存在的问题方面发挥着不容小觑的作用。当前阶段有很大一部分行业拥有了自己的行业协会，但因为法律并未给行业协会相应的权力以及地位，使其不能够深入体制当中发挥自身的作用，通常会通过关系或者是短期利益纽带而形成的自觉行为，导致校企合作以及顶岗实习的落实效果往往不能够达到预期。虽然目前有许多的行业和职业学校已展开更为深入的合作，但较多的职教集团主要都是由高职学校带头而成立的，政府部门在此方面并没有给予相应的支持以及指导，同时并未形成规模，不具备足够的影响力，进而不能够建立有效的高职学校和企业之间进行沟通和互动的载体。

5.缺少监督管理及合理的考核评价体系

政府需要针对职业学校学生顶岗实习开展监督以及评价工作，这是政府的义务和责任，尤其需要重视顶岗实习期间学生自身的人身安全以及权益保障方面的相关问题。学生在顶岗实习的过程中，从理论上来讲学生是需要接受学校以及企业两方的管理的，但实际上学校和企业之间通常缺少相应的学生共管机制，同时两方的权利和责任并不明确，企业的注意力更多是集中在工作效益方面，在学生学习以及工作方面的管理以及评价给予的重视程度并不高，对于职业学校的学生来说，其特点表现在基数大并且涉及的面较为广泛，所以针对学生顶岗实习期间开展的监督管理工作存在较大的难度。

当前阶段针对职业学校学生顶岗实习开展的考核评价工作主要是通过实习报告以及指导老师的意见的形式，同时也包括企业对实习学生的评语以及鉴定，同时通常将注意力都集中在学生对专业技能的了解以及掌握方面，并没有针对学生在具体工作过程中的个人能力以及职业素质开展相应的考核工作，考核指标单一化，同时考核的内容并不清晰，评价的内容缺乏全面性，缺乏合理有效的考核手段，不能够清晰地确定顶岗实习工作开展的主要目标，导致职业学校与企业两方在学生顶岗实习的过程中不能够清楚和明确对学生的监管责任，针对学生的顶岗实习质量开展的考核工作缺乏有效的依据，导致顶岗实习的最终目标实现存在较大的难度，同时在顶岗实习期间学生存在的安全问题等未能得到及时处理。

四、发达国家职业教育顶岗实习政策保障的做法及经验

（一）发达国家职业教育顶岗实习政策保障的做法

1. 德国的"双元制"

针对德国落实的"双元制"职业教育来说，其主要是教育机构和企业共同开展职业教育工作，企业与学校两方一同进行学生的培养，在对学生培养的过程中，学校负责对学生的理论以及专业基础课开展教学以及考核，而企业对实习学生需要负责培养实践技能，提高学生具备的动手操作能力，同时能够将企业自身的职业岗位需求标准开展相应的考核工作，从本质上来讲，学生在此种模式下具有双重身份，主要的目的是能够充分利用学校以及企业具备的优势，实现理论与实践的有机融合，以此来实现理论知识和专业技术共同具备的高素质人才。

在第二次世界大战结束以后，德国在"双元制"模式上给予了足够的重视并且加大了在此方面的投入，以此来使国家拥有了许多高素质工人，基于此种模式下的德国经济形势得到了很大程度的改变，使德国逐渐发展成为世界经济第三的强国。德国之所以能够取得如此可观的发展，其前提

在于拥有完善、严格的法律制度提供保障。

首先，在法律方面，德国在1969年颁布了《职业教育法》，针对参与此制度的部门、工会、学校以及企业等给予明确规定，包括就业准入以及薪酬规定等，采用此种形式使职业教育发展拥有了最终的目标以及固定的管理体制。当前阶段的人们通常认为，德国能够发展成为世界上的装备制造业大国，主要原因就是拥有较为完善的政府主导以及严格规范的职业教育体系。

其次，针对职业教育的管理方面来说，政府部门主要的责任以及义务便是建立相关的法律法规，为职业教育的发展提供重要的政策指导。地方政府部门将相关的执行规范充分落实下去，学生在企业当中的培训的负责方主要为行业协会。行业协会能够和政府部门建立相应的管理制度，能够为职业教育的校企合作方面提供合理的建议。同时行业协会需要将自身具备的监督作用充分发挥出来，针对工学结合开展过程中存在的一些问题给予有效的管理以及监督。

再次，政府部门在职业教育的发展方面给予足够的财政支持，在职业教育的经费方面给予专门的规定，主要的投入来源是地方。而地方政府部门不仅需要针对职业教育的发展给予足够的投入，还需要加大力度开展学生实训基地的建设工作。

最后，实现职业咨询机构与学校以及企业之间存在合作关系的有效结合，以此来使职业教育能够和就业市场建立有效的衔接。使教育、培训以及工作之间能够拥有相应的桥梁，利用职业教育和就业市场之间的沟通，将劳动力市场和职业劳动力市场建立有效的对接，使学生参与的职业培训工作更加具有针对性，能够在推动学生就业的顺利性方面发挥非常重要的作用。当前阶段的德国已经拥有较为完善的职业教育体系，主要是采用

"双元制"职业教育模式，促使企业能够明确自身的责任以及义务并且使德国制造的产品能够在全世界范围当中拥有好的声誉。

2. 澳大利亚的"TAFE"模式

基于"高等教育为第一国防"思想的引导作用，澳大利亚相关政府部门现阶段在高等教育方面给予的重视程度越来越高，在此方面给予的投入力度也越来越大，在这样的背景下，澳大利亚高层职业教育得到了很大程度的发展。当前阶段澳大利亚校企合作的模式主要包括以下两个方面：一方面为TAFE校企合作模式，该模式主要是将学校看作办学的主体；另一方面是新学徒制，主要是将企业视为主体。

澳大利亚的TAFE校企合作模式明确来说，运行特征主要表现在教学管理具有较强的弹性，将能力看作为本位和企业建立良好的联系等。除此之外，澳大利亚TAFE模式还有一个比较显著的特点就是依据能力对学生进行考评，而不是通过学时学分。对于澳大利亚开展的校企合作来说，政府才是其动力的最主要来源，政府针对职业培训的优点给予大力度宣传，实际上校企合作教育为能够实现互惠互利的事情，政府部门在此方面给予强力的支持，积极为企业以及职业学校创造发展的机会，同时也在社会的反馈方面提供有效的保障。澳大利亚地区展开校企合作培养的主要内容为实习学生自身的能力，同时对实习学生进行的考评也是将能力作为主要依据；考评工作通常会将企业发展对于员工职业能力的需求作为主要依据，根据某个岗位相关的职业资格证书，有企业的相关专业人员对其给予有效的考核。同时会根据水平不同的培训能力标准或者是规格不同的培训能力标准来邀请相关专家，这样便能够为实际开展的测评工作提供更具可靠性以及准确性的职业能力标准依据。

3.美国的"合作教育"模式

美国教育委员会在合作教育方面给予的界定为,合作教育为具有结构性的教育策略,其能够将课堂学习和有关领域的生产工作经验学习有效结合在一起,合作教育为学生、教育机构以及雇主构成的伙伴关系,任何参与方都有其专门的责任及义务。针对其具体开展的形式来说,主要包含了以下三个方面:第一,学习和实践之间的结合,学生在学校的内部展开学习,但每年有一小部分的时间会深入到对口企业当中展开学习,以此来实现学习与实践之间的有效结合。第二,生计教育。学生先深入企业当中体验生活,以此来丰富自身的经验,可以在中途回到学校进行学习,学生在企业学习过程中获得的学分以及学历证书是被学校所承认的。第三,合办学校。企业与学校合作完成之后,企业会对学校给予相应的投资应用于人才的培养方面,也可以是企业自行展开办学,以此来实现对人才的培养。

美国在职业教育方面给予的重视度是非常高的,并且在此方面不断加大力度给予支持以及改革,采用财政拨款的形式来实现对职业教育的影响及控制,联邦政府及各州所建立的相应职业教育法规通常都针对配套经费和分配方案方面给予了专门的规定。比如,《职业教育法》经过了多次的制定及修改,在很大程度上提高了在合作教育方面给予的投入力度;1965年美国出台的《高等教育法案》中说明了在合作教育方面给予的资金投入;1972年,美国国会投入了1000万美金应用于合作教育资金独立项目,这笔资金主要应用在训练、研究以及评估等方面。从管理体制方面来说,美国的相关政府部门建立了健全的管理体系,将其作为职业教育发展过程中的重要管理以及指导,成立了相应的机构来实现对职业教育有关法案落实的严格监督,在学校的内部设置了合作教育办公室,该办公室的主要工作内容就是落实合作教育。

（二）发达国家职业教育顶岗实习政策保障的启示

每个国家针对职业教育校企合作采取的方式和手段都不一样，同时各国在文化、政治以及经济背景等方面也存在较大的差异。通过相应的对比分析之后能够了解到，每一个职业教育工学合作的成功，顶岗实习都能够发挥非常重要的作用，可以说顶岗实习为一种非常重要的政策保障措施。

第一，职业教育在发展过程中应有完善的法律法规作为重要的保障措施。各国的政府部门针对职业教育都制定了较为完善的法律法规，利用法律手段实现对职业教育的管理以及监督，其除了针对培养单位以外，同样也针对用人单位，将制度充分落实下去严格监督企业深入到学校培养的过程当中，并且给予企业对应的利益。

第二，职业教育的经费主要来源于政府部门，通过经济手段不断推动职业教育的发展，针对政府在职业教育的投入方面制定了专门的规定。首先为政府在职业教育方面的投资需要占主体，如英国；其次是行业在职业教育方面给予的投入占主体，如澳大利亚；最后是社团投资；另外还有私人投资。

第三，拥有健全的教学质量监督和评估体系，在质量监督和评估机构的代表方面具有较强的广泛性，实现对其的综合监督，涉及培养单位、用人单位以及学生代表等。

第四，积极引导其他部门一同参与到职业教育的管理过程当中。针对职业教育发展开展的规划以及设计的过程，政府需要就业部门、行业部门以及企业能够共同深入到职业教育管理以及决策的整个过程中。

第五，制定更具多样性、具体性以及有效性的优惠政策制度，有效调动职业教育发展过程中学校与企业的积极性及主动性。

五、高职院校毕业生顶岗实习保障机制的改进对策

2014年，国务院发表的相关文件当中说明了需要继续开展校企合作、工学结合等的教育教学活动，增加实习实训在总体教学当中的占比，不断加强对顶岗实习开展形式的创新以及优化，将育人作为主要的目标开展实习实训考核评价方面的工作。从这当中能够了解到，基于政府所出台相关政策的指引以及推动，高职学校的顶岗实习得到了更为广泛的重视，此种景象是前所未有的。对于政府部门来说，其在国家社会事务当中担任着重要的主导者以及管理者的身份，为社会政治组织活动的重要载体；对于职业教育的发展来说，政府在其中有着非常重要的责任和义务。而顶岗实习作为职业教育发展过程中对于加强技能型人才培养的一项非常重要的内容，政府部门需要在职业教育发展过程中做好自身的工作并发挥积极推动作用，为最终目标的实现提供有效的保障。

（一）建立协同育人机制，为高职学生顶岗实习提供组织保障

1. 在政府的领导下建立校企合作组织协调结构

从实际的角度来说，职业教育的顶岗实习实践这一阶段具有较强的复杂性，属于社会系统工程，不单涉及企业和高职学校，同样也关系到政府。三者在其中都为责任及利益的主体，在运行期间容易发生相应的矛盾以及问题。但就当前阶段的职业教育总体情况来看，仍然缺少基于政府层面的组织领导机构。对于政府来说，其为促进校企合作的关键载体，需要进行顶岗实习政策的制定工作，有责任以及义务去协调以及处理在顶岗实习期间发生的各方面问题。在教育行政部门的牵头下，需要政府部门和地方的职业学校以及主干企业等共同进行职业教育指导机构的运作，在此基础上不断地加大力度落实高职学生的顶岗实习。政府在其中发挥自身的中介作用，对学校和企业两方的资源给予有效的整合，使学校和企业两方能够合

理开展工作，这对于实现效益的最优来说具有非常积极的意义。各省为了能够促进职业教育顶岗实习的更进一步发展，需要加强对学校和企业合作组织协调机构系统化的建立。首先需要建设职业教育的校企合作协调指导委员会，政府需要赋予其相应的权利，与校企合作共同制定相应的工作规范，协调在区域范围当中高职院校发展以及企业发展两者之间的关系，针对区域当中经济发展的实际情况以及职业教育发展的具体情况做好相应的指导、调整以及控制工作，针对校企双方在顶岗实习期间存在的问题以及不足之处给予有效解决和改正。

职业教育学校需要和专业行业之间建立更为紧密的联系，将行业具备的作用有效发挥出来。需要相关的教育主管部门以及行业能够发挥自身的牵头作用，集合多个方面的力量，建立由多方共同参加的校企合作办学专业委员会，将行业具体发展的情况作为主要依据，针对职业学校的每一个规定，由专业机构给予合理有效调整，及时获取相关的专业发展信息，有效提高高职学校的专业发展速度；各大职业学校需要针对校企合作相关工作的开展成立专门的部门，其主要工作内容表现在顶岗实习具体工作开展的每一个方面，遵循"自上而下"的原则，加强建立校企合作组织协调机构，并保证此机构的完善性，使其能够在促进顶岗实习的高效开展方面提供相应的支持。

2.在政府领导下充分发挥行业组织的作用

行业组织在我国社会经济发展过程中发挥的作用不容小觑，同时也是当前阶段职业教育体系当中非常重要的组成部分，在行业组织的作用下，能够更好地推动产教融合，实现企业以及高职院校沟通交流平台的构建。校企合作期间，其关联到的政府部门、企业以及行业协会是比较多的，对于高职院校和企业之间沟通平台的构建已经是迫在眉睫，将行业自身的特色属性作为主要依据,各个行业以及各个区域需要拥有相应的组织协会,对社会各个领域拥有的资源给予有效整合,加强行业、企业以及学校三方的合作,一同开展人才的培育工作。所以,基于新形势,需要政府能够给予行业协会对应的权力,采用制度的方式来明确以及落实行业协会应尽的职责及义务,鼓励行业协会发挥自身的牵头作用打造顶岗实习的信息交流平台,并且能够在平台上定期发布行业对于人才需求的信息,为高职学校的学生提供更多的实习岗位,并且需要定期在平台进行学生顶岗实习状况以及就业情况等信息的发布,使高职学校的学生能够更好地了解顶岗实习以及就业前景方面的相关信息,这对于推动职业学校的课程建设来说是非常有利的。

对于中小企业来说,其自身具备的条件并不充裕,通常不会愿意和高职学校共同进行校企合作,针对此种情况就应该将行业作用有效发挥出来,在中小企业与职业学校之间建立良好的信息沟通交流平台,使资源能够基于此平台而得到共享,在此基础上落实多种类型的教学活动,这对于实现多方共赢来说是非常有利的。

(二)健全法律法规建设,为高职学生顶岗实习提供立法保障

对于职业教育来说,政府部门为其"准公共产品"的重要供给者,政府部门需要承担相应的公共责任,充分发挥自身具备的行政管理职能,加强相关法律法规的建设;同时在高职学生的顶岗实习方面建立健全相应的政策以及法规,以此来使学生的顶岗实习能够拥有相应的立法保障。汲取发达国家在职业教育方面发展的相关经验能够了解到,立法保障为推动职业教育的校企合作实现制度化以及法治化非常关键的因素。美国在1962年落实颁布的《职业教育法》为职业教育指明其重要的发展方向,同时在每个参与方具备的权利及责任方面都给予了清晰的规定;德国所

颁布的《劳动促进法》落实了相关政府部门、行业以及学校等的责任以及就业准入规定，同时也包括薪酬规定，这对于促进职业教育的规范性发展来说具有非常积极的意义。对发达国家的职业教育发展如此成功的原因进行深入的分析和探讨能够发现，其有一个共同之处就是都离不开健全的法律法规体系的支持，在立法保障的支持下，能够对顶岗实习期间每一方利益主体自身应尽的责任、义务以及其具备的权利进行明确规定，同时表明每一方自身的地位以及作用，为顶岗实习的规范、有序开展提供有效的保障。

当前阶段我国已经有一些地区在职业教育的校企合作立法方面给予了相应的探索以及研究，一部分地区在此方面已经拥有了相应的政策以及规范制度，在政策以及制度当中落实了顶岗实习每一个参与方的义务，在推动校企合作以及提高顶岗实习工作开展的质量方面获取了较为优异的成果。对此，需要其他地区能够积极吸收成功地区的经验，按照其做法将立法的作用充分发挥出来，同时不断加强对职能的规范，将相关法律作为重要依据，结合地区经济的发展以及社会管理的具体情况来制定职业教育的相关法规。通过法规落实顶岗实习期间政府、职业学校以及企业自身的地位，和每个相关利益方在职业教育发展过程中自身具备的权利、责任及义务。使职业教育的有关规章及政策具备的导向作用得到充分的发挥。针对当前阶段已有的法规相关操作给予细化，通过法律对学校和企业之间在合作过程中存在的问题给予规范，使企业在整个过程中能够充分落实自身的责任，针对学生顶岗实习期间的所作所为给予约束和规范，以此来建立一个更为良好的校企合作环境。将高职学生顶岗实习相关的责任保险制度充分贯彻和落实下去，对企业为学生购买保险方面给予严格监督，规定企业为顶岗实习学生购买工伤保险。在法律法规的作用下提高在此方面的规范性，落实每一个参与方在其中应尽的职责以及其拥有的权利，这对于促进高职学生的顶岗实习的持续稳定发展来说是非常有利的，能够在此方面提供强有力的制度及法规保障。

（三）健全监督评论体系，为高职学生顶岗实习提供质量保障

1. 引导校企进行顶岗实习考核评价标准的建立

对于职业教育的人才培养来说，对其最终效果的评估主要依据便是学生自身具备的职业能力以及素质能够实质性地满足社会经济发展在人才方面的需求，学校和企业两方展开相应的合作，在职业学校顶岗实习的管理方面相关要求落实的过程中，需要建立学生在顶岗实习方面的考核标准以及评价标准，对于学生的顶岗实习来说，考核标准以及评价标准为此项工作开展的重要方向引导，同时也为对顶岗实习最终质量提供有效保障。在社会事务当中，政府的主要角色就是管理，同时其也为社会公共服务当中非常重要的服务角色，需要能够将行业协会以及职业教育集团具备的作用充分发挥出来，不断对学校和企业做出引导，一同进行顶岗实习相关考核评价体系的建立并且将其充分落实下去，使学生能够对顶岗实习的最终目的、任务以及考核标准等内容有一个更为深入的了解，使顶岗实习开展的整个过程更具规范性，不断加强对顶岗实习的引导，以此来从整体上提高顶岗实习在专业方面具备的针对性，更进一步提高学生在顶岗实习期间的实习效果。

2. 建立第三方管理以及评价体系

学校与企业之间合作开展的顶岗实习要求能够拥有具有充分科学性以及合理性的监管制度以及评价制度，才能够将相关法律法规以及政策得到有效的落实。现阶段，为了能够对毕业生培养的效果有一个更加充分的了解与把握，针对某高职院校的毕业生开展相应的调查工作，在此基础上制

定了毕业生培养质量的报告，将此报告作为依据便能够更为深入地了解高职院校对学生培养的总体情况，在此基础上不断探索以及创新高职学校后续发展的道路。要想能够为学生顶岗实习最终的质量提供有效的保障，地区的相关政府部门应该将自身的社会服务职能充分发挥出来，形成第三方的监督以及评价工作，针对学生顶岗实习的整个过程给予有效的监督和管理，针对学校、学生和相关的顶岗实习单位所签订的有关合同以及协议内容的履行以及落实给予监控和管理，在此基础上进行全面的监控管理记录以及监控管理的结论，需要注意保证监控管理记录以及监控结论的真实性以及完整性，将其作为重要依据来更好地开展国家对每个学校办学水平及绩效评估方面的工作。

美国相关的政治学家对于政策目标的实现，其中方案确定在其中占据10%，另外的90%全部在于有效执行。相关政府部门在给予企业职业教育相应责任及权利的过程中，同样也能够邀请第三方机构针对政府、学校以及企业落实的校企合作有关政策的具体实施情况开展相应的评价工作，同时能够制定相应的评价报告对政府部门以及企业进行反馈，主要目的是促使有关部门对涉及的各项政策给予相应的调整以及修订。政府部门在实际针对企业以及学校开展考核评价工作的过程中，此类评价能够作为非常重要的依据。针对企业充分落实教学督导评价问责制，如果实际当中的企业表现较为良好，可以对该企业加大力度给予宣传，同时给予其相应的奖励予以鼓励，使该企业在社会当中的美誉度能够得到有效提升；对于实际当中的企业存在给顶岗实习学生安排与其专业无关的工作或者岗位，将实习学生视为廉价劳动力进行使用，实习生在顶岗实习期间自身的学习质量无法得到有效保障的现象，需要政府对企业给予问责。只有保证建立健全合理地涉及学校、企业等多方管理以及监督的评价体系，才能够为高职学生顶岗实习开展的最终质量以及效果提供有效的保障。

针对高职院校顶岗实习的调控以及保障机制，政府部门为对其进行构建的重要载体，需要在高职学生在进行顶岗实习期间充分发挥自身具备的主要作用以及引导作用。地方政府要能够在技能型人才表现的作用方面有一个深刻的认知，在对技能型人才的培养方面给予足够的重视，针对高职学生的顶岗实习给予更为全面的规划，针对每一个方面的教育资源给予有效的配置，使政府自身具备的职能作用得到有效发挥，针对高职教育的顶岗实习方面做好组织以及协调等方面的工作，平衡相关部门、各个单位、企业以及学校之间存在的关系；针对顶岗实习期间存在的问题需要采取具有针对性的措施给予解决，针对有关政策以及制度的落实需要做好监督工作，不断加大力度针对顶岗实习涉及的有关法律及政策开展宣传工作，通过有效落实激励措施来提高企业在参与方面表现的积极性及主动性；政府部门下放权力使行业组织机构的作用得到有效发挥，加强对顶岗实习交流平台的建设，及时的发布地区的职业教育发展规划动态信息，将校企合作顶岗实习的企业资格制度充分落实下去，针对高职学生的顶岗实习给予有效的监督及管理，针对顶岗实习最终的质量给予评价，严格监督以及管理顶岗实习期间学生自身的安全及权益保障。如果高职学生的顶岗实习政策及机制得到了有效的保障，那么职业教育人才培养质量以及效果的提升指日可待。

（四）强化激励机制，为高职学生顶岗实习提供动力保障

1. 政府需要加大力度给予高职教育财政支持

经费投入方面的因素对职业教育校企合作发展产生的影响是较为深远的，而对于政府部门来说，其为职业教育经费方面最重要的提供者以及

筹措者，需要在职业教育发展过程中对于资金方面的需求提供有效的保障。以国外成功的职业教育案例来说，其之间有一个共同的特征就是在职业教育方面给予了足够的财政支持。比如，美国的相关政府部门在职业教育投入经费方面给予了明确的规定，要求地方政府能够将国内生产总值的1.1%，工资总收入的2.5%能够投入职业教育发展当中。地方政府不仅需要投入职业教育的年度经费，还需要在学生实训基地的基础建设方面给予足够的投入；澳大利亚在职业教育的经费方面主要应用的是多元筹措模式，具体来说就是经费的来源有多种渠道，如政府、企业以及个人在此方面的投入，政府给予的拨款在其中占据的比重最大。如果缺少足够的经济支持那么发展也只会是空谈。需要政府在职业教育方面都能够给予足够的资金投入，为学校在办学方面的经费来源提供有效的保障。同时政府部门也可以针对当地的职业教育成立专项资金，从该专项资金当中选择一部分资金应用在职业教育的顶岗实习方面，基于政府的正确领导来进行企业的挑选，保证所选择企业的优质性，建设能够和当地经济发展需要专业相符的实训基地，以此来为学生创造更多的顶岗实习机会，保证学生都能够深入和自身专业对口的岗位开展实习，更进一步提高学生顶岗实习的专业对口率。

2. 贯彻落实校企合作资格制度的建立

顶岗实习工作开展的主要目的和意义在于使学生可以在与自身专业对口的岗位上开展实践活动，通过实践活动来不断提高学生自身具备的专业知识水平以及实践技能水平，以此来提高学生在就业方面具备的竞争实力。顶岗实习的初衷并不为需要学生随便去寻找实际岗位，职业教育顶岗实习最终的目标是能够加强学生自身具备的专业技能以及职业能力方面的培养。对于一个企业来说，其要想接收顶岗实习的学生，自身一定要拥有相应的资质,能够严格遵循当下顶岗实习市场相关的准入制度提出的相关要求。所以需要各地能够积极做到敢为人先,能够有足够的勇气做到先试先行,不断展开更为深入的探索以及调研工作,将此作为基础建立合作企业资格准入的相关标准,鼓励各大企业积极参与其中。

3.建立合理有效的校企合作激励机制

顶岗实习要能够得到高效开展,企业在此方面给予的支持和鼓励是非常重要的,而实际当中企业在校企合作以及对于顶岗实习的接收方面表现的态度和政府在此方面给予的优惠政策支持尤为重要。通过对发达国家职业教育的成功案例进行深入的研究和探索之后能够发现,政府建立对企业有利的利益驱动机制是非常有必要的,如德国和美国都出台了相对健全的优惠政策,在校企合作过程中针对企业落实了相应的税收减免以及政策补贴等相应的政策,为企业提供了相应的资金支持,为企业提供强有力的支持和鼓励,使其能够更好地参与到职业教育当中。政府部门需要将自身具备的服务职能有效地融入研究体系当中,努力探索政府、企业、学校及学生几方之间在利益方面存在的共同之处,通过对市场方式的应用促进多方利益之间的相互整合。从当前阶段的总体情况来看,需要地方政府不断加强对校企合作激励政策以及制度的制定,有效提高企业在接收高职学校学生到企业开展顶岗实习方面的积极性。一方面,需要政府能够加大力度进行相关企业税费减免以及资金扶持相关政策的宣传,以此来营造出一个在职业教育顶岗实习方面给予足够支持力度的好的氛围;另一方面,需要政府从地方具体情况出发,将地方的具体情况作为主要依据来明确各方面的操作细则,主要目的是能够使此方面涉及的相关优惠政策能够实质性地落实下去,不断提高政策具备的吸引力,例如,在实际当中可以将企业对于顶岗实习学生接收的数量作为主要依据，以此来为企业提供相应的补偿，把企业在学生实习报酬方面给予的资助以及有关实习投入的费用计算到生产成本当中，目的是后续能够做到税前扣除，针对积极接收顶岗实习学生的企业，可以在税费减免以及科研项目申报等一些方面给予其优先的权利，落实相应的经济措施，以此来形成多方共赢的良好局面，具体来说就是政府能够在职业学校顶岗实习方面给予相应的政策引导，鼓励各大企业积极参与其中，在学生自身的权益保障等方面给予足够的重视，促进学校和企业之间合作的更进一步发展。

第八章　高职院校毕业生顶岗实习的质量管理

一、高职院校毕业生顶岗实习管理

（一）顶岗实习管理

顶岗实习具体来说就是学生可以在具体的岗位当中开展独立工作，同时可以相应地完成在此岗位上需要完成生产任务的实习工作。和普通的实习进行相应的比较，顶岗实习针对学生所提出的要求要更为严格，需要学生自身具备可以自行完成工作的能力，可以从容地独当一面，所以顶岗实习是具有较强的挑战性的。顶岗实习在学生的培养方面也拥有比较积极的作用以及意义。参与顶岗实习的学生，其在顶岗实习过程中除了拥有学校内部教师对其给予的指导之外，同样也需要接受企业相关教师对其提供的指导。该教育模式实现了多方面的有机结合，包括理论知识学习、职业技能的训练以及具体工作，以此来更好地提高职业学校学生自身具备的能力，使其能够在百般变化的社会环境当中更好地立足，更好地得到发展与进步。对于顶岗实习来说，其一个特点就是职业学校加强对企业需要专业性技术人才的应用，同时也包含了现代化先进科学技术及设备环境等，这些条件及资源都是学校并不具备的，采用校企合作的方式加强对学生自身具备技能的培养，提高学生的综合素质，实现理论与实际的有机结合，为学生能够深入到工作岗位奠定坚实的基础，有效缩短学生在工作岗位当中需要适应的时间，提高其自身具备的竞争实力，是职业学校在实际开展教学过程中非常重要的一项内容，同时也是产学结合非常关键的一种表现形式。

（二）顶岗实习的质量管理

教育开展的主要目的和任务便是为企业以及社会培养更多的能够推动经济发展或者是适合经济发展的接班人。所以，实际开展的教育质量管理工作，需要将人才培养作为中心，实现对其全过程的质量管理。而对于顶岗实习来说是人才培养质量当中非常重要的一项内容，同样也需要对其开展相应的全过程管理。要想能够更好地落实顶岗实习质量管理，质量管理体系是不可或缺。无论是政府部门、企业还是学校以及相关的指导教师，都应该积极参与到质量管理体系的建设过程当中。顶岗实习涉及的每一方都有其自身的利益需求，都想要达成自身制定的目标。基于企业角度而言，企业要想得到持续稳定发展，一定不能缺少人才的支撑作用，要求拥有更加先进的技术以及管理理念，当前阶段我国经济发展处于为经济转型升级以及创新发展的形势，在这样的背景下，企业在人才方面的需求变得越来越迫切。校企合作当中的企业，其最终目的是获得人才。从学校角度而言，其最终目的是培养更多的能够满足社会发展需求的人才。所以学校应该充分发挥自身对人才的培养功能，通过对各方面社会资源的合理有效应用，不断加大力度开展人才的培养工作，使企业能够拥有更多的人才储备，使我国的经济发展拥有相应的人才保障。基于学生的角度而言，其最终目标是提高自身的能力水平，学习到更多的知识及技能，能够在和自身专业对口的岗位中充分发挥自身的才能，以此来为自身后续的发展打下基础。

针对顶岗实习开展的质量来说，其与领导、教师以及学生在顶岗实习质量方面的认知程度之间存在着非常密切的联系，要想实现顶岗实习质量的进一步提高，需要各方面人员的共同努力，各自高质量完成自身的任务，为顶岗实习的整体质量提供有效的保障。第一，领导要能够在顶岗实习质量控制的重要性方面有一个充分的认知，需要领导层能够在质量决策方面给予足够的重视。第二，教师要为顶岗实习学生提供指导期间能够做到以身作则，对学生顶岗实习期间的情况给予足够的关注度，使学生自身的任务能够保质保量地完成。第三，学生要提高自身对顶岗实习的重视度，将其看作为重要的课程以及必须完成的任务，形成顶岗实习影响后续就业质量的意识。

针对顶岗实习质量开展的管理工作明确来说就是针对顶岗实习整个过程的各个环节质量给予有效控制，从顶岗实习最终的人才培养目标出发，合理有效落实顶岗实习质量评价体系，将实习目标和过程管理有效融合在一起，以此来发挥顶岗实习每一项环节的统一以及相互作用，在此基础上逐步建立较为完善的顶岗实习质量管理以及评价系统。

二、高职院校毕业生顶岗实习质量管理的基本理论研究

（一）协同理论

协同理论方面开展研究的主要内容就是不处在平衡态的开放系统以及和外界产生相应的物质以及能量交换的条件下，怎样利用自身具备的协同作用，产生时间、空间以及功能方面的有序结构。协同理论主要是将当前阶段的系统论、信息论以及控制论等相应成果作为重要的基础，同时汲取了结构耗散理论的相关经验，通过统计学以及动力学的有效结合，针对多个领域开展相应的分析，在此基础上产生了多维空间理论，形成了较为完善的数学模型以及处理方案，在从微观向宏观过渡的过程中，描述每个系

统以及现象当中存在的无序向有序变化的规律。

协同论这门学科主要是针对存在差异事物的共同特征和事物之间的协同机理展开相应的研究，近年来此门学科得到了广泛的应用，主要讨论了不同种类的系统从最初的无序转化成后续的有序整个过程中存在的相似性。哈肯为协同论的创始人，其将此类学科叫作"协同学"，一方面来说，实际开展研究的主要内容为许多子系统之间的联合作用，在此基础上形成基于宏观尺度的结构以及功能；另一方面，其同样也与多种类型的学科展开合作，以此来找寻组织系统的相关原理。

1. 协同效应

协同效应具体来说就是基于协同作用最后形成的相应结果，其指的是在具有复杂性和开放性的系统当中存在较多的子系统之间产生作用，进而形成整体效应以及集体效应。针对形态各异的自然系统以及社会系统来说，其之间都会有着相应的协同作用，能够在系统有序结构形成的过程中提供非常重要的内驱力。不管对于哪一种具有复杂性的系统来说，其由于外来能量产生的作用或者是其相关物质自身的聚集状态达到了相应的临界值时，这个时候的子系统便会出现协同作用。该协同作用可以使得系统基于临界点产生相应的质变，进而引起协同效应，以此来使系统从最开始的无序转化成有序，在混沌条件当中形成相应的稳定结构。总的来说，协同效应的存在能够证明系统存在自组织情况。

2. 伺服原理

伺服原理明确来说就是快变量服从慢变量，序参量实现对子系统的有效控制。其针对系统当中存在的稳定性因素以及不稳定性因素的相互作用，针对系统的自组织过程给予描述。从实质上来说，其针对临界点当中系统的简化方面给予相应的规定，也就是系统和不稳定点以及临界点之间较为接近时，系统动力及其突现结构一般是为相应的集体变量所决定的，对于系统另外的变量行为来说，对其进行的规定以及支配主要依靠的是序参量。

3. 自组织原理

自组织主要是在其他组织的基础上而形成的。其他组织具体来说就是相关的组织指令以及组织能力主要来源于系统外部；自组织明确来说就是在系统不具备外部指令条件的过程中，系统内部存在的子系统互相可以根据相应的规则而产生相应的结构以及功能，其在内在性以及自主性方面的特点表现较为突出。自组织原理说明了基于外部能量流以及信息流等环境，系统能够利用子系统互相产生的协同作用产生新的时间、空间以及功能等有序结构。

（二）PDCA 循环理论

PDCA 循环的由来主要是质量改进工作开展过程中的计划、执行、检查以及总结的英语单词首字母构成。对于任何的和质量改进相关活动来说，都要求其能够遵循 PDCA 循环原则。具体来说该原则的第一个阶段为计划阶段，在这个阶段当中，需要针对需要改进项目质量的目标来制定相应的措施；第二个阶段为执行阶段，需要将所制定的质量改进目标作为主要依据来落实相应的措施；第三个阶段为检查阶段，需要能够和制定的计划以及目标展开相应的对比，针对任务落实的具体情况以及最终的效果进行全方位的检查，以此来了解计划在执行过程中存在的不足之处；第四阶段也就是最后一个阶段，在检查完成之后，归结其中做得较好的点，在此基础上制定相应的标准，为后续相关工作的开展提供参照。针对此过程中存在的问题，需要对其给予归纳和反思，在此基础上制定相应的解决措施，最大程度避免在下一次循环出现。

将以上所说的四个阶段作为主要依据，能够将 PDCA 循环划分为八个步骤：

第一，对现状进行深入的分析，明确当前在质量方面存在的相应问题；第二，针对存在的质量问题，对各方面产生影响的因素进行分析；第三，从存在的较多的影响因素当中找到最为关键的一项影响因素；第四，将存在的影响因素作为主要依据，针对其制定质量优化的工作计划以及相应的措施；第五，基于所制订的质量计划，将其不断进行优化并且将其充分落实下去；第六，依据在质量改进方面提出的相关要求，针对其具体落实的结果开展检查工作，将实际情况和预期结果展开相应的对比；第七，针对检查完成之后获取的结果展开相应的分析，从中吸收经验，为后续相关循环工作的开展做铺垫；第八，明确本次循环当中存在的不足之处，能够在后续开展的循环当中避免上次循环当中出现的问题。

对于 PDCA 循环来说，大环套小环为其非常显著的一个特点，需要能够保证不同环节之间能够做到相互促进，达到相辅相成的效果。对于高校来说，学校便成为一个非常重要的循环，在学校内部包含的每一个二级学院以及相关部门便为其的小循环，而二级学院当中的学生开展相应的顶岗实习以及专业实习等项目能够将其看做为更小循环。在此基础上便形成了一种大环套小环的局面，上级循环能够为下级循环的开展提供非常重要的依据，而下级循环对于上级循环的改进以及贯彻来说是非常有利的。在循环的支持下能够将学校开展的每一项教学任务有效结合在一起，实现各个教学任务之间的衔接以及促进。对于 PDCA 循环来说，其具备周而复始的特点，每次开展循环的内容以及目标都是不同的，所以对于每一次循环的开展来说，都能够解决相应的质量问题，这对于质量水平的更进一步提升来说是非常有利的。

（三）柯氏评估模型理论

柯式四级评估模式为当前阶段应用最为广泛的一种培训评估工具，该模式在培训评估领域当中占据的地位不容小觑。其具体内容主要包括以下四个方面：

1. 反应评估（Reaction）：评估被培训者的满意程度

第一阶段为学员的反应。在培训工作完成之后，需要针对学员对此次培训工作的满意程度开展相应的调查工作，以此来更好地了解学员对于此次所开展培训工作的感受以及反应，调查工作所提出的问题主要包括以下几个方面：针对讲师培训过程中应用技巧的反应，针对在培训课程内容设计方面的反应，针对所选择的教材以及教材内容给予的反应，针对在课程组织方面给予的反应。除此之外，也涵盖了在后续工作开展过程中，是否可以应用培训过程中学习到的知识以及技能。对于培训过程中的学员来说，其实最了解其完成工作任务的需求。若实际当中学员在课程方面给予的反应较为消极，那么就需要能够在具体为课程设计方面还是落实方面存在的问题给予明确。在此阶段开展的评估工作和最终培训结果之间并不存在过多的联系。学员到底能不能够将所学到的知识以及技能应用到实际工作开展的过程中在当前并不能够确定。但此阶段开展的评估工作是必不可少的。参加培训的人员自身的兴趣以及对其给予的激励，同时也包括其在培训方面给予的关注度都是非常关键的。并且，在对所开展的培训工作进行回顾以及评价的过程中，学员可以针对其在培训过程中学习到的知识以及内容给予总结。

2. 学习评估（Learning）：测定被培训者的学习获得程度

第二阶段为学习效果。此阶段开展的工作主要是判断学员在接受培训工作之后，自身具备的知识以及技能水平等方面有没有得到相应的提升。需要针对学员提问培训工作是否学习到了相应的知识技能。此阶段开展的评估工作需要针对学员在接受培训之前以及培训完成之后与其自身具备的知识技能水平进行对比，这样便能够对于新知识的学习有一个更好的了解，并且也能够和最初制订的培训目标展开相应的对比。从此阶段评估最终获取的结果也能够了解到教师所开展的培训工作是否具有有效性。但在该阶段，我们不能准确地判断出参加培训人员到底能不能将其所学习到的知识应用到具体的工作当中。

3. 行为评估（Behavior）：考察被培训者的知识运用程度

第三阶段为行为改变。此阶段评估工作开展的主要内容就是参加培训人员在经过培训之后其自身行为能够获得怎样的改变。能够针对参加培训的人员开展正式评测或者是非正式评测的工作，也可以采用观察的方式。总的来说，就是参加培训人员能不能在具体工作的过程中应用其在培训过程中学习到的知识以及技能，同时也包括其态度。虽然此阶段开展评估工作需要的数据比较容易获取，但该评估工作的意义却是非常重大的。需要使参与培训的人员能够将所学习到的知识以及技能应用到具体工作中，便实现了培训的最终目标，以此来为后续开展的培训工作奠定坚实的基础。值得注意的是，由于此阶段开展的评估工作需要学员具体参加工作后才能够得到落实，因此该阶段需要和一同参与工作的人员共同参加。

4. 成果评估（Result）：计算培训创出的经济效益

第四阶段为产生结果。在此阶段开展评估工作的主要内容并不是培训者具体的受训情况，而是基于部门以及组织在这样的大范围当中，对培训之后而获取的组织方面的改变效果进行相应的了解。也就是针对培训在企业产生的影响方面进行相应的了解。其所产生的影响在包含经济层面的同时，也包括了精神层面。例如，产品的质量得到了相应的变化，生产效率和以往相比得到了很大程度提升，客户的投诉率很大程度降低等。此阶段开展的评估工作需要投入的费用以及时间相对较高，同时此方面工作的开展存在较大的难度，但整体上对企业表现的意义是较为积极的。

评估工作开展的四个阶段，落实的难度逐层递增，需要投入的费用也越来越高。一般来说对于阶段一的应用最为广泛。在整个过程中所获取的最有价值的数据就是培训工作在组织方面产生的影响。实际当中开展的评估工作以及评估应用的阶段需要围绕具体的培训工作进行确定。

三、高职院校毕业生顶岗实习质量管理的现状

（一）高职院校毕业生顶岗实习质量现状

在顶岗实习工作开展的计划阶段，每一个专业都需要围绕自身专业相关的人才培养方案进行顶岗实习计划的制订。要求学校、学院以及招生就业处共同和企业展开相应的对接，帮助学生能够找到相应的实习企业。在学校内部每年的6月份会组织一次招聘会，以此来为企业创造对实习学生进行挑选的机会。对于需求量较高的企业，学校会组织专门的招聘会使学生和企业之间能够双向选择。学生不仅可以从学校推荐的众多企业中挑选自身中意的实习单位，同样也可以自行找寻实习单位，但是要求学生与家长向学校提出申请。在绝大多数学生找到适合自己的实习单位之后，学校便会组织所有同学开展实习动员大会，该大会开展的主要目的及开展内容就是使学生对实习好处有更深的了解，以及了解学生在实习期间有可能发生的一些问题和实习过程中需要注意的事项。在实习动员大会结束后，每个班级的班主任和相关的指导教师需要针对自己的学生给予动员。学校在

此方面的规定是，一个指导教师最多只能够带领10名学生，在完成实习动员后，需要学生签字确认。

根据企业的相关要求，学生进入企业，在最初通常会对各个岗位开展介绍工作，同时针对实习学生开展相应的培训工作，在培训工作结束以后，学生便会进入对应的岗位当中顶岗实习。而学校的指导教师通常会采用建立交流群的方式与自身指导的学生进行沟通，以此对学生的顶岗实习情况有一个相应的了解。但基于此种模式下对于开展学生的管理工作是存在较大的难度的。学校的相关领导部门也会定期或者不定期走访一些实习企业。学生在顶岗实习期间难免会出现不适应或者中途离职的情况。

顶岗实习学生在进入企业开展实习之前，学校会为其发放相应的实习手册，在手册中需要学生能够将其顶岗实习期间的情况进行填写，同时需要企业针对顶岗实习的学生开展相应的评价工作。在学生结束实习之后，需要将手册上交给指导教师，指导教师就可以通过实习手册中的相关内容对学生做出相应的评价，并此作为依据为实习学生评判实习成绩。

在每年学生结束顶岗实习之后，学校的每一个班级都会采用座谈会的形式让大家共同讨论顶岗实习，既包括顶岗实习的优点也包括顶岗实习期间遇到的问题，以此来探讨哪些方面存在不足需要给予改善。在每个班级探讨完成之后需要教师能够将学生提出的意见进行汇总之后上交给学校的领导部门，学校的领导需要将其中存在的突出性问题展开沟通和探讨，同时能够和企业展开对接，在后续开展顶岗实习工作期间对问题加以改进。

针对顶岗实习开展的整个过程，学校的教师都付出了相应的努力，但因为学生实习地点比较分散，同时教师自身的精力比较有限。在学校内部的指导教师不仅需要给学校内部的学生上课，同时也需要做好辅导员方面的工作。因为所采用的方法缺乏科学性,使实习管理工作开展的质量很难得到提高。学生初次离开学校走向社会,无论是在心理还是生理方面都会对学校产生一定的依赖,在这时如果学校内部或者是企业缺少对其的管理以及监督工作,想要顶岗实习工作达到预期效果是存在许多的困难的。在这样的情况下,如果企业管理工作不当,那么企业通常也不会在顶岗实习工作开展的效果方面给予相应的重视,只是按照企业针对人才给予的需求安排相应的工作让学生完成。采用此种模式,与顶岗实习设定的初衷是不相符的。

顶岗实习开展的时间一般为半年到一年,当前阶段对于顶岗实习采用的评价模式主要是学校将企业针对学生开展的评价作为主要依据,将该结果和学生在学校中的评价结合在一起,在此基础上为学生评定分数,但此种评价方式较为笼统,所开展的评价工作的相关依据并不明确,其涵盖了较多的主观因素,缺乏客观性、公正性以及公平性,导致学生在顶岗实习的过程中缺少足够的动力。觉得所有的顶岗实习都是在消磨时间,最终只需要相关公司盖章后上交给教师,认为顶岗实习就是走过场,只要此门课及格即可。此种过程管理方式过于形式化,同时所拥有的评价体系缺乏足够的科学性,导致高职学校开展的顶岗实习工作质量很难得到有效的提升,不能将顶岗实习具体的作用充分发挥出来,这和最开始建立的人才培养目标之间存在较大的差异。所以,为了能够从整体上提高顶岗实习质量管理的效果,不仅需要做好开始的目标制订工作和企业对于实习学生的选取工作,同样也需要在顶岗实习过程管理方面给予足够的重视,建立完善的评价体系。

(二)高职院校毕业生顶岗实习质量管理存在的问题及剖析

将顶岗实习开展的具体情况作为主要依据,通过对质量评价体系的合理应用针对学校顶岗实习的质量开展相应的评价工作。顶岗实习方面所制订的方案是较为合理的，但是因为一些客观因素的影响，实际的顶岗实习计划和人才培养之间是存在相应的差异的。因为学校每年会计专业学习的学生相对较多，其具体的岗位和专业之间的联系并不大，但学生普遍能够接受。学校在实习动员方面给予的重视程度是比较高的，然而在动员的过程中常常会出现过于夸大实习优势的情况，没有将顶岗实习的具体情况告知给学生，学生因此也不能够充分了解在实习过程中容易遇到的问题以及困难。在顶岗实习开展期间，学校内部的相关指导教师通常是通过交流群或者电话的形式和学生取得联系，所以具体工作主要是通过企业才能得到落实。学生在顶岗实习的过程中其自身所表现的态度，具体的能力水平及责任意识等，学校并没有在此方面给予详细的划分，而是在企业对学生开展评价工作。在顶岗实习期间的考核环节，并未设置相应的实习日志，但给学生们的顶岗实习手册中含有相应的实习月报表，学生在实习期间，每个月结束之后可以将自身的实习总结记录在报表中。实习报告为学生针对顶岗实习的整个过程给予的总结，需要每一名学生考取相应的职业资格证书同时提交该证书的复印件。学校在就业协议签订方面给予的重视程度是比较高的，所以每年都会针对各个企业的签订率开展相应的统计工作。但因为近些年来本科院校开展的专升本扩招模式，导致学生毕业便开展实习工作的学生数量减少，所以每一年都有很大一部分学生进行专升本考试，综合录取率大约为50%。

总的来说，从以上所分析的指标情况，鼓励学校的相关专家以及企业的相关专家加强对质量评价体系的应用，针对学生开展的顶岗实习工作给予相应的评分。实际当中对于此项工作的落实是需要50名左右的专家针对顶岗实习质量评价体系当中的相关指标为其打分，在此基础上相关人员将各个专家的打分情况作为主要依据，将其和指标对应的权重相乘，以此来得出相应的分数。顶岗实习最终开展的质量和预期之间存在相应的差距，尤其顶岗实习开展的过程中，缺乏对其进行的全过程管理。

1. 人的因素

因为人是具备主观能动性的，对于顶岗实习来说，人是非常重要的计划制订者，同时也是计划的落实者。所以在实际开展顶岗实习质量管理工作过程中，需要在人的因素方面充分考虑。顶岗实习在组织方面缺乏相应的完善性，企业虽然从名义上为顶岗实习的学生配置了相应的指导教师，但指导教师并没有针对实习学生充分发挥自身的指导作用。企业具有较强的营利性质，其在学生开展顶岗实习工作的最终目的以及作用，还有基于长远角度能够获取的利益方面并没有一个深刻的认识，也可以说其并未基于长远的角度进行充分的考虑。企业也没有将顶岗实习工作开展的具体内容以及各个岗位的工作结合进行考虑。同时也没有注重相关岗位需要学生的学历、专业、年龄及性别，学生到底适不适合此岗位。只是在旺季对于劳动力需求较大的时候开始接收顶岗实习的学生，缓解该阶段的紧急情况，而过了此阶段，则想将学生送回学校。

从学生的角度来说，其最初对于顶岗实习通常是比较渴望以及向往的。但真正进入企业，才发现顶岗实习的时间长、工作难度大并且人际关系经常处理不好等，因此心理会出现较大的落差，自身无法对顶岗实习产生兴趣。顶岗实习的学生如果发现了自身的付出和回报不成正比，就很容易出现负面情绪，这便是造成离职率高的一个重要原因。部分学生从学校进入企业之后，企业常常缺少对其开展培训工作，只是对各个岗位的基本内容给予以介绍，无法激发学生们的实习热情。

2. 机器和设备因素

随着科技化以及智能化发展，当前阶段的会计岗位通常都是通过电脑来开展财会的相应工作，学生在学校当中主要学习的为理论知识，其开展的实践操作条件是有限的。进入工作岗位开展实际操作难免会不适应。还有一部分学生来自于偏远地区，其自身具备的电脑知识存在相应的不足，不能够在短时间内学会应用电脑开展所有工作。即使学生之前学习过电脑的相关知识，但要想直接上手仍然需要相应的培训。然而在学生具体进行顶岗实习的过程中，常常能够发现一些学生缺少电脑配备，需要学生在实习期间自己带电脑。虽然实习岗位和学生的专业比较相近，但其工作强度是比较高的，工作压力通常较大，一部分学生并不愿意自行携带电脑。

3. 方法因素

学生在顶岗实习过程中常常会发生学校或者企业无法管理的情况。通常，学校在顶岗实习期间有教师带队，但因为实际当中学生的数量多，岗位类型也较多，学生与教师相处的时间是非常少的，只是通过教师对其开展的管理工作存在较大的难度。部分学生开展的实习所邀请的指导教师自身的专业水平不够，在学校当中还需要开展很多工作，无法为学生提供更为全面的指导。同时，即使指导教师自身的精力比较充沛，但却通常缺乏相应的责任心，对自身需要开展的指导工作中总是敷衍。还有一些指导教师并不具备较为丰富的指导经验，其自身的指导能力相对匮乏，无法有效开展此项工作。因为参与顶岗实习学生的基数较大，指导教师不能够及时了解其中存在的问题，使学生在实际过程中遇到的困难需要自行尝试解决。学生自身的身份并不为企业的正式员工，一些学生在企业的制度方面并没有一个深入的了解，因此企业对学生的管理也存在较大的难度，并且，学校对于学生的了解也并不充分，常常对学生抱有较高的期望，自身不具备较强的责任心，学生在遇到困难或者不愉快经常会选择离职，使企业很难接受。此种状况经常出现，除了会对学生实习的积极性产生影响之外，也会对实习的顺利开展产生不利影响，最终导致实习工作很难达到预期效果。

4. 环境因素

企业通常将注意力都集中在自身的经济效益以及发展方面，缺乏从长远的角度对顶岗实习进行看待。实习单位对学生安排的岗位经常出现和专业不对口的情况，这对学生实习的积极性产生非常不利的影响，同时学生刚刚进入企业，需要一个适应的过程，如果企业在这个时候给学生安排了较重的任务，学生自身的心理以及生理是很难接受的，造成学生的离职率增加，不利于顶岗实习效果的有效提高。企业通常将注意力集中在学生自身具备的生产能力方面，忽略了对学生开展的心理教育以及安全教育，这就有可能会在实习过程中发生相应的事故。

学生在顶岗实习过程中，远离学校，学校对学生开展管理工作存在较大的难度，这便常常会使学校开展的管理工作出现松懈的情况。从环境方面来说，学校的环境是比较轻松的，学生在学校当中的身份只是一名学生，其深入顶岗实习岗位之后，身份便得到了增加，其为一名学生的同时也是一名员工。不但需要听从学校的安排，还需要听从企业的管理。在这样的情况下，新身份以及新环境使学生需要一段时间才能够适应。学生刚刚进入到社会当中，其自身的经验不足，适应能力较差，在顶岗实习最初阶段通常不能够保质保量完成任务，同时由于自身所在的岗位与专业不符，一部分实习学生的想法是换到别的岗位。并且，处于崭新的、复杂的环境当中，怎样能够和领导以及同时搞好关系为学生的一大难题，许多学生自身的经验较为匮乏，经常会造成人际关系紧张，同时对企业的管理缺乏适应性，很难接受企业的管理方式，便比较容易对实习产生抵触心理，也有可能只是想完成任务而应付实习。

四、基于 PDCA 循环的高职院校毕业生顶岗实习质量管理体系设计

（一）PDCA 循环在高职院校毕业生顶岗实习质量管理中应用的必要性和可行性

1. 顶岗实习具有项目特征

学校可以通过对 PDCA 循环理论的应用针对顶岗实习开展质量管理方面的工作。项目管理知识体系指南中对该项目进行了定义，认为该项目是一种可以创造新产品、新成果的创新型工作，且具有一定的临时性。从一定程度上来说，顶岗实习可以看作为一个项目，学生能够利用该项目对企业以及岗位有一个更为深入的了解，实现理论和实践的有效结合，以此来提高学生自身具备的专业能力。所以利用此项目有利于实现对人才的培养，为企业提供更多的高素质人才。

顶岗实习工作开展的最终目的是使学生自身的素养以及能力获得很大程度的提升，将学校所学习到的理论知识有效地应用到实践过程当中。这不仅需要加强对学生实践技能的培养，还需要在提高学生自身具备的职业素质方面做好充分的考虑，不断提高学生自身具备的职业道德以及团队精神，为后续进入工作岗位奠定良好的基础。

许多因素都会对顶岗实习最终目标的实现产生影响，若学校和企业之间开展的合作不够深入，实习的时间较短，相关机制没有得到有效落实，这些因素都会导致学生积极性无法得到有效的调动，学生针对顶岗实习并没有一个充分的认知与了解，在思想方面对顶岗实习给予的重视程度远远不够。

多个方面的因素都会对顶岗实习产生相应的影响，为了能够实现最终的顶岗实习目标，需要多方的动员及参与，管理工作的开展存在较大的难

度，同时时间周期方面也有一定的局限性，这和项目特点有许多相似之处。

对于学生来说，其便是项目当中的重要客户，所以顶岗实习制订的目标要能够有效提高学生自身具备的专业和能力以及自身工作的能力。

2. 顶岗实习对过程管理方法的应用

对于过程管理方法来说，顶岗实习为质量管理过程中应用的一个非常重要的方法，具体来说就是把输入有效地转化为输出，基于此种角度来说，其为开展的一项活动，顶岗实习同样也为相应的过程。在这一过程中，既涉及了输入也涉及了输出，其中的输入主要包括信息以及要求，最终的输出包括了结果以及产品。在整个过程中还涉及了识别、控制以及改进。其中的识别过程主要指的是为了实现对过程体系的建立，针对应用过程与过程之间产生的相互作用进行识别；过程控制具体来说就是对过程质量造成影响的技术，以此来实现最初所制定的质量目标，在这当中涉及了输入资源以及信息控制，针对过程的控制以及针对输出产品开展的控制；过程改进具体来说就是组织想要有效提高过程具备的科学性以及可控性而开展的相应修整活动。在实现顶岗实习质量管理过程控制中，通常会将 PDCA 循环作为主要依据开展相关的工作。针对顶岗实习的整个过程进行划分，分成顶岗实习计划、顶岗实习执行、顶岗实习评价以及顶岗实习处理，其和 PDCA 循环理论的各个阶段是相互对应的，所以可以将顶岗实习看作一个总项目，为一次大循环，在顶岗实习期间，能够结合不同岗位自身具备的特点，把顶岗实习划分成几个小项目，每一个项目都能够作为小循环。将其按照和计划、执行、检查以及处理推动项目工作的开展。任何一个小的项目最终都能够总结相应的经验以及收获，不断获得提升，以此来实现最终的目标。这样，顶岗实习的收获便能够为后续开展的顶岗实习打下坚实的基础，这样不断获得提升以及改进，实现最终的顶岗实习目标，这对于更进一步提高教学开展质量来说具有非常积极的意义。

（1）顶岗实习计划阶段

计划阶段，第一步，需要做的就是针对学生的具体顶岗实习情况开展相应的分析，以此来明确顶岗实习项目当中在质量方面存在的不足；第二步，针对顶岗实习质量方面存在不足原因展开深入的分析，将此方面的原因作为主要依据来明确质量问题的存在产生的影响；第三步，在各方面对顶岗实习质量产生影响的因素当中明确最关键的一项因素；第四步，针对影响顶岗实习的最具关键性因素制订相应的工作计划以及活动。

针对当前阶段的具体情况开展分析，明确顶岗实习工作开展期间存在的质量问题。可以采用文献检索或者开展实际调查的方式，从最终获取的结果当中能够了解到，高职院校学生顶岗实习过程中存在的三个方面的不足之处。第一，企业的认知程度不够，使顶岗实习效果的充分发挥受到的严重的阻碍；第二，学校和企业对学生开展管理工作的效率不高，过程管理往往不能够达到预期的效果；第三，针对学生的顶岗实习考核应用的评价体系缺乏足够的科学性，考核工作的开展缺乏客观性。

分析质量问题存在的原因。在顶岗实习期间，学校、学生以及企业三者之间的利益通常是一致的。学校主要的任务是培养更多的人才满足社会发展的需求，这同样也为其最终的目标；企业主要为获取自身需求的人才，以此来推动企业的持续稳定发展，为企业创造相应的利益；而学生参与顶岗实习的主要目的是提高自身的专业技能以及综合素质，为社会的发展作出相应的贡献。在促进校企合作期间，学校将自身所制订的人才培养方案作为主要依据，利用企业为社会输送相应的人才，在开展实践期间不断进行总结以及改进，最终能够获取相应的利益。学生在经过两年时间的学习之后，第三年会深入企业开展顶岗实习，以此来不断地完善自身，使自身具备的专业素质以及能力能够得到更进一步的提升，成为企业以及社会需要的人才。而对于企业的利益而言，在开展校企实践过程中实现预期效果是存在较大的难度的，需要经过很长一段的时间的合作之后才能够真正地体现出来。所以加强校企合作，不断提高学校、企业以及学生在顶岗实习过程中的积极性对于实现顶岗实习质量的更进一步提高来说具有非常积极的意义。

因为企业的目的是营利，其在顶岗实习方面给予的重视程度并不高，通常是将学生安排到生产第一线当中去做一些帮助企业生产方面的工作，并未将学生所学专业作为参考为学生提供相应的岗位，此种模式很难调动学生的积极性。对于顶岗实习的学生来说，顶岗实习过程管理为其非常重要的核心，从学校的角度出发，学生身在企业，和学校之间存在较远的距离，学校虽然有心想要加强对顶岗实习学生的管理，但是常常是心有余而力不足。企业自身认为，学生参与顶岗实习就是深入企业帮忙，所以通常会将学生看做为企业的员工，而学生自身认为其并不为企业的员工，企业无权对其进行管理。所以在这样的情况下，顶岗实习整个过程的管理效果往往达不到预期。对于顶岗实习的考核工作来说，通常具有较强的单一性，同时相对主观，缺乏基于客观角度开展相应的评价工作。所以其自身应该具备的检查促进作用也很难得到充分的发挥。

找出主要影响因素。对于顶岗实习期间存在的问题来说，对其展开更为深入的研究以及分析之后能够了解到，顶岗实习期间最关键的部分，过程管理开展效率并不高，最终造成顶岗实习的质量也比较低。相对于顶岗实习的学生而言，学校为其最重要的引导者，在开展顶岗实习管理工作的过程中自身的作用并未得到充分地发挥，更多是依赖企业。学校和企业展开的合作并不够深入，企业自身并没有对顶岗实习有一个充分的了解，很难调动学生在顶岗实习过程中的积极性。针对顶岗实习开展的过程管理工作效果不好，使得学生最终顶岗实习的效果也很难达到预期，学生并未充分地了解以及把握其自身专业所涉及的技能。在顶岗实习工作完成之后，针对学生开展的考核工作方面缺乏具有足够科学性以及客观性的评价体系，使实际所开展的评价更加主观，并没有实现对学生的客观评价。总之，顶岗实习的质量和预期之间还存在一定的差距，在质量方面也存在相应的问题。

　　提出质量改进计划。对于顶岗实习计划来说，其主要加强了对PDCA循环原理的应用，把顶岗实习的整体看做为一个项目，在这个项目当中包含了四个主要的阶段，分别为计划阶段、制订阶段、检查阶段以及处理阶段。在这当中的计划阶段，需要将所制订的人才培养方案和教学大纲作为主要依据，在此基础上制订相应的顶岗实习方案以及计划，和企业之间展开紧密对接。在执行阶段，主要是根据相应的方案以及计划开展相应的工作，将顶岗实习充分落实下去，对学生给予妥善安排，使其能够深入企业开展顶岗实习，同时需要企业以及学生共同落实顶岗实习过程中的管理工作。在检查阶段，需要对顶岗实习开展的全过程给予有效的检查和监督，同时在结束顶岗实习之后相关的实习企业需要与学校共同开展考核工作，最终确定学生的顶岗实习成绩。不仅需要对学生进行检查，还需要针对实习企业是否足够适合学生开展顶岗实习进行相应的评估。在处理阶段，主要是针对顶岗实习开展的整个过程给予综合鉴定，此方面的工作需要采用校内评价和企业评价有机结合的方式，以此来针对学生自身具备的思想政治能力、职业精神、专业技能水平以及适应社会的能力进行全面的考察。可以采用座谈会以及问卷调查等相应的方式针对顶岗实习的满意度展开相应的调查，这样做的主要目的是为后续开展的顶岗实习奠定相应的基础。将顶岗实习的各个阶段视为一个相应的大循环，在执行阶段会涉及较多的小项目，将每个小项目都看做一个小循环，针对各个小循环采用相应的措施，提高其质量，便能够从整体上提高大循环的质量，此次的大循环获取的相应经验同样也能够应用到后续的循环或者是下一次循环当中，这对于提高学生顶岗实习的质量来说具有非常积极的意义。

（2）顶岗实习具体执行阶段

三方管理体系的搭建。要想高效地完成顶岗实习工作，离不开学校以及企业对实习学生开展的管理工作，同时学生在顶岗实习期间也需要注重自身的管理，所以，顶岗实习工作的推进需要学校、企业以及学生三方协调开展。在顶岗实习期间，学校为顶岗实习管理工作的重要载体，需要保证对顶岗实习开展管理工作安排的合理性。避免学生在走出校园之后，将管理职责以及义务全部都归于企业。学校的相关指导教师要以正确的态度对待学生的管理，同时教师自身也要有足够的能力水平，能够真正意义上为学生提供相应的帮助，和企业的相关指导教师展开默契配合，有效解决学生在顶岗实习期间遇到的问题，使学生能够有效处理和同事以及企业之间的管理，在更短的时间之内适应新的环境，从整体上提高自身的综合素质。学校的相关指导教师在日常应该为企业的指导教师提供相应的指导，与企业的相关负责人积极展开沟通和交流，以此来对学生顶岗实习的情况有一个更好的了解，明确其中存在的问题以及相应的不足之处，这对于推动模块循环的改进来说是非常有利的，能够将学生存在的问题作为主要依据制订具有针对性的计划以及措施，使顶岗实习的质量获得更进一步的提升。

企业的指导教师。企业需要结合学生自身的具体情况为其安排对应的岗位，也需要能够为学生提供高素质的指导教师。对于高素质指导教师来说，除了能为学生顶岗实习期间存在的问题提供指导外，还能够帮助学生解决平时工作方面存在的一些其他问题，帮助学生提高自身的人格品质，进而使自身的道德素养获得有效的提升。对于企业的指导教师来说，他是最容易和实习学生进行接触的人，在顶岗实习期间对于发现的问题，要能够和学校的相关指导教师积极展开沟通，共同解决学生存在的问题。针对顶岗实习来说，学校以及企业对其开展的管理工作的重要性不言而喻，但要想有效提高顶岗实习的质量，还存在的一个关键因素便是学生自身，学生在进入岗位之后，可以遵循企业的相关制度，那么基本上可以断定此次顶岗实习是相对成功的。学生在顶岗实习期间的正确态度能够使自身更好地融入实习工作的过程当中，同时能够在顶岗实习期间了解更多的问题，在此基础上加以改正。对于顶岗实习的相关指导教师来说，一个重要任务就是提高学生自身的主观能动性，能够在实习过程中提高自身的控制能力并且实现对自身的有效调整，以积极的态度对待顶岗实习，针对所存在的问题要勇于提出建议及意见，这除了对提高顶岗实习质量有重要的意义之外，对于学生发现自身存在的价值也是非常有利的，进而提高自身的竞争实力。

认真落实顶岗实习计划。顶岗实习工作开展的质量和顶岗实习计划是否充分落实之间存在着非常密切的联系。在顶岗实习计划落实的过程中，需要能够将所制订的人才培养方案以及相应的顶岗实习计划作为主要依据，以此才能够更好地完成预期目标，在落实计划期间需要能够做好总结以及反思方面的工作，对于其中存在的问题给予明确指导，针对问题采取相应的措施加以改进和调整，如果制订的方案和实际情况存在较大的差异，就需要探索相应的解决方法，积极吸取其中的经验以及教训对其开展有效的调整。通常来说顶岗实习的时间为半年到一年，时间相对较长，对整个过程开展的管理工作也存在较大的难度。所以需要能够结合每一个岗位相应的特点对顶岗实习的整个周期展开相应的划分，使其能够成为几个模块，每一个模块都可以看作一个相应的项目。任何项目的实现都为一个循环，各个项目需要能够根据所制订的计划评估其开展的结果。在一个项目成功完成之后，后续开展的项目需要吸取其中的经验。以此采用大环套小环的方式，小环的质量得到保证便能够保证最终大环的质量，这对于很大程度提高顶岗实习开展质量来说是非常有利的。

严格落实过程管理。保证过程管理工作开展的持续性，才能为顶岗实习工作的顺利开展提供有效的保障，学校和企业两方需要将相关协议作为主要依据，明确自身的责任及义务，在此基础上保证过程管理工作开展的效果。学校相关的指导教师要采用相应的方式了解学生的顶岗实习情况，采用交流群或者电话的方式与学生展开互动和交流。企业的相关指导教师除了需要做好平时的考勤管理工作之外，还需要不断传授给学生相关的岗位技能，为学生制订相应的岗位计划，将计划充分落实下去，明确学习的内容以及应用的方法，针对学生的任务完成情况给予严格监督，对于其中发现的问题帮助学生给予改正。同时能够围绕存在的问题为学生提出相应的建议，使其顶岗实习整个过程能够接受良好的指导。

（3）顶岗实习考核阶段

针对学生的顶岗实习开展的考核工作，需要根据学生顶岗实习过程的表面和最终的人才培养目标展开相应的对比，制订具有科学性的评价方法，保证考核工作开展的客观性及公正性。

针对学生顶岗实习质量开展的评价工作。在顶岗实习开展期间，需要对学生顶岗实习质量作为主要依据并对其开展评价工作，围绕顶岗实习开展的整个过程。基于评价主体而言，学校以及企业的相关指导教师以及学生自身都应该开展顶岗实习的评价工作。学生要围绕顶岗实习开展过程中涉及的各个模块开展相应的反思以及总结工作，不断获得自我提升。学校的相关指导教师通过对相关软件的利用，针对学生顶岗实习期间的出勤以及实习的记录开展管理工作，针对学生的顶岗实习质量给予有效的评价。企业的相关指导教师最容易和顶岗实习的学生相互接触，其需要根据学生在顶岗实习期间的表现，围绕最终的人才培养目标，针对其顶岗实习开展的质量给予有效的评价，评价工作包含的内容主要为过程评价以及总结评价，其中的过程评价主要为最初到最终的顶岗实习的过程。在顶岗实习具体落实的过程中，需要将学习任务模块作为主要依据划分成若干个模块，学校及企业针对各个模块涉及的小循环开展相应的考核工作。在顶岗实习完成之后，需要针对学生的实习开展综合的考核，将过程考核与综合考核结合在一起便是学生顶岗实习最终的成绩。

针对顶岗实习项目质量的评价工作。学校以及企业需要针对顶岗实习项目的整体质量开展相应的评价工作，主要的目的是能够将经验应用到后续开展的顶岗实习工作当中，对于其中存在的不足之处需要后续开展的顶岗实习给予弥补。针对实习质量开展的评价工作需要能够结合学校、企业以及学生等多方共同的意见，收集具有价值的信息。能够从学生顶岗实习的成绩以及学生和企业就业签约情况等方面开展调查工作。对于人员方面，可以采用座谈会以及问卷调查等方式。

（4）顶岗实习总结反思阶段

PDCA 循环最重要的一点就是将本次循环的成熟经验应用到下一次的

循环当中,针对本次循环存在的不足需要在下一循环加以改进。所以需要针对本次开展顶岗实习工作存在的不足在下一次的顶岗实习过程中加以弥补,这对于保证顶岗实习开展质量来说是非常有利的。但实际上各年顶岗实习单位会发生相应的改变。例如,企业的性质、环境以及采用的经营模式等,同时也包括规模方面存在的差异,针对此种情况,就需要对上一次开展循环的经验作出相应的调整,在此基础上才能有效地应用到下一循环当中。

(二) PDCA 循环在高职院校毕业生顶岗实习质量管理中的应用设计

1. 顶岗实习计划阶段

(1) 制订顶岗实习的计划和方案

以之前顶岗实习开展过程中的情况和存在的问题作为主要依据,针对下次开展的顶岗实习工作计划和方案进行相应的调整。因此企业在学生的顶岗实习方面缺少足够长远的考虑,此次开展的顶岗实习,学校和企业之间展开了相应的对接。

高职院校可以邀请长期合作的企业到学校,结合企业对实习生需求,与校方共同制定顶岗实习计划及实习方案。

本次实习我们将学生进行分组,每个班 4 个组,每个组 10 个同学左右,2 个组采用传统模式组织实习,2 个组采用 PDCA 循环理论组织实习。由于之前有过合作,所以此次的企业在顶岗实习方面的热情是比较高的。对于实习开展方式的制定以集中实习为主,分散实习为辅。通过相关的人才培养方案的相关要求,以及教学计划能够了解到,学生自身需要具备相应的专业技能知识,对一些社会交往的基础常识有一个相应的掌握。在经过顶岗实习之后能够达到以下效果:熟练掌握会计以及审计工作开展的流程，可以通过对自身所学习到知识的有效应用来解决工作开展过程中出现的一些问题；了解会计核算以及审计查账的方法，对当前阶段的企业运行和管理有相应的认知，了解与把握当下的企业管理应用的方法以及手段，可以将其应用到实际工作开展的过程当中；对其相应的单位以及部门工作开展的流程以及内容有一个相应的掌握，在工作过程中能够高效地完成自身岗位的相应任务；针对市场的具体情况给予相应的了解，能够积极跟随具有成熟经验的人员展开交流与学习，掌握更多的市场营销技巧，以此来为企业或者是个人带来更多的社会效益以及经济效益；在顶岗实习的过程中积极展开学生自身交流能力以及应变等能力的培养；针对多种岗位的顶岗实习来为社会培养更多的对应人才；利用顶岗实习，加强理论知识和实践之间的有机结合，不断提高学生自身具备的独自解决问题的能力，使其能够在深入岗位当中吸取更多的成熟经验；在完成顶岗实习之后，学生要能够将自身所学的知识和具体的操作结合在一起，为后续学生从事相关职业奠定坚实的基础。

（2）挑选顶岗实习企业

本年级的会计学生一共有451名，需要选择企业将学生安排到顶岗实习当中存在较大的难度。学校和学院在这个过程中需要负责实习教师和企业之间的对接，安排相应的企业到学校当中进行宣传，最大程度使学生能够深入到与自身专业相对应的岗位进行实习。学生除了能够选择学校所推荐的企业之外，同样也可以自主去找到相应企业。学生和学校之间的对接，需要能够在所有涉及的所有相关内容达成协议，例如，顶岗实习的整体时间、顶岗实习的待遇以及顶岗实习开展的内容等，在两方律师全部确认之后，进行实习合作协议的签订。

实习企业性质。对于实习企业来说，其主要是根据相关的法律法规而设立的企业以及事业单位；在企业当中拥有专门的财务会计部门；会计在日常工作开展的过程中其核算需要能够满足其基础工作的相关规范标准；在实习企业的内部拥有能够为顶岗实习学生提供相应的指导教师；实习企业能够为顶岗实习学生提供相应的工作以及生活条件。

设施条件。实习企业需要满足以下几个方面的设施条件：基础工具配备齐全，同时软件、计算机以及网络等相应的配套设备足够期间；能够拥有基础性的工作以及学习条件；所拥有的制度较为完善，同时拥有健全规定等一些相应的文本材料；可以为学生自身的安全提供有效的保障。

实习岗位。此次开展的顶岗实习岗位主要包括出纳、往来会计、成本会计以及总账会计等。对于一般的代理记账公司来说，其一般都会进行记账会计以及税务会计两种类型岗位的设置，在开展顶岗实习的过程中需要将总账会计以及税务会计作为参考落实各方面的工作。税务师事务所以及会计师事务所的所得税汇算清缴业务岗位在实际当中的开展需要将税务会计作为参考给予落实。

（3）召开实习动员大会

学校以及企业需要能够遵循诚实信用以及公开透明的原则，将在顶岗实习过程中，学生有可能遇到的各方面情况、各方面问题以及工资待遇等信息告知给学生，禁止只向学生介绍岗位好的一面，使学生能够对顶岗实习期间可能遇到的困难以及问题。例如，其的工作是否为倒班制，每逢周末以及节假日是否需要加班，在顶岗实习过程中对于自行无法解决的困难应该怎样去处理。主要的原因是顶岗实习的学生刚刚脱离了学校步入社会，其并没有足够的社会经验，对于所遇到的问题也并没有足够的认知，若企业对学生可能遇到的问题有所保留。学生在深入到顶岗实习之后发现与企业的介绍存在较大的差距，这便会对学生的积极性造成一定的打击，有可能会增加学生离职的概率，企业应该与学生说明对于顶岗实习期间表现好的学生给予相应的奖励，这样学生便会更加渴望顶岗实习。

2. 顶岗实习运行阶段

选择顶岗实习的相关指导教师，为了能够有效提高顶岗实习工作开展的质量，不仅需要学生自身能够付出努力，学校以及企业的指导教师也是非常重要的，以此来协调配合为学生的顶岗实习提供更多的指导以及帮助。在学校指导教师的选择方面需要教师自身能够保持一个积极认真的工作态度，具备足够的资格作为指导教师，能够对专业教学的有关内容有一个更加充分的了解，拥有较为丰富的教学经验或者是工作经历，能够和企业之间建立良好的沟通，拥有相应的职业资格证书，在五年之内没有出现过违背职业道德的记录，对教育事业有热爱之心，非常愿意参与顶岗实习学生的指导工作。

确定顶岗实习工作开展的内容。以出纳岗位为例，基于顶岗实习这样的大循环，可以为出纳岗位顶岗实习展开相应的划分，使其能够分成七个小项目，各个小项目都能够当做小循环来看待。同时各个小项目都需要围绕项目所制定的项目目标制订相应的计划，在此基础上落实任务，围绕计划开展工作。相关的指导教师应该根据任务完成的具体情况开展相应的反思工作，对于其中的成熟经验应用到后续开展的项目过程当中，对于其中存在的不足需要在后续加以改进。对于学生来说，其身份除了学生之外，同时也是实习单位的员工，所以要能够积极接受学校与企业对自身的双重管理。在实际开展顶岗实习的过程中，要端正自身的态度，遵循实习单位相关的规定，自身具备足够的纪律性，能够服从实习单位相关领导对自身的管理，每天按时休息以及按时开展工作，有较强的集体荣誉感，对于诋毁学校或者企业的行为可以做到自觉维护。

在顶岗实习期间，能够和指导教师建立良好的沟通，能够和教师保持联系；拥有较强的安全防护意识，能够将自身的人身安全看作第一位，在平时生活中积极展开安全知识的学习，并且能够在顶岗实习期间做好相应的防范措施；在顶岗实习期间，能够严格遵循企业的考勤制度，在没有经过允许的情况下，不迟到早退，在非特殊情况下不随意请假，在发生突然事件时和相关的指导教师进行沟通，说明需要请假的原因，获得批准之后才离开岗位；结束顶岗实习，学生如果想回到学校参与就业招聘，要预先和指导教师沟通；在顶岗实习期间，如果发生了相应的问题无法自行解决，要及时和指导教师沟通交流；在顶岗实习期间，对于不明白或者无法解决的问题可以和同事之间展开交流，能够做到团结友爱。

3.顶岗实习评论考核阶段

在既有的评价体系当中，顶岗实习评价所涉及的人员需要能够将顶岗实习质量评价体系指标作为主要依据，按照相应的评分准则来打出分数，用各个分数乘以该指标所占的比例，最后把所有数值相加得到一位参评人员给予一个同学的分数，把所有参评人员分数加起来除以参评的人数便能得到一位同学顶岗实习的最终得分。按照此种方式便能够获取参与顶岗实习学生的分数，同时根据班级每名学生所获取的顶岗实习分数来计算班级的平均分，在此基础上针对此次开展顶岗实习工作的质量进行深入的分析以及探讨。

（1）优秀

分数位于90~100，此种类型的实习学生自身拥有认真严谨的学习态度，能够严格遵守企业的员工管理制度，同时能够高质量地完成实习过程中的任务和要求；能够将课堂上所学的理论知识应用到岗位实习中去，同时针对一些问题上具有自己的想法和见解；实习单位和指导老师对其的满意度是非常高的；学生自身具备较为良好的独立工作能力，能够很好地完成实习单位的工作和学校布置的实习报告；实习报告的内容丰富，思路清晰，并且对问题的分析十分透彻，具有自己独到的想法。

（2）良好

分数在 80～90，学生在实习过程中能够保持一个积极的学习态度，能够遵守企业的员工管理制度和学校的实习管理规定，且能较好地完成实习的全部任务和要求；能够较好将课堂上所学的理论知识应用到岗位实习中去，同时针对一些问题上有自己的想法和见解；能够按时完成实习单位的工作和学校布置的实习报告，质量较好；从实习报告当中能够看到其思路较为清晰，对问题开展的分析工作有理有据。

（3）中等

分数位于 70～80，其在顶岗实习期间有较好的学习态度，能够遵守企业的员工管理制度和学校的实习管理规定，且能按时完成实习的全部任务和要求；能够将课堂上所学的理论知识应用到岗位实习中去；能够按时完成实习单位的工作和学校布置的实习报告，质量一般；实习报告的观点正确，思路清晰，分析问题具有一定的条理性。

（4）及格

分数位于 60～70，有一定的学习态度，能够遵守企业的员工管理制度和学校的实习管理规定，能基本上完成实习的任务和要求；能够将课堂上所学的理论知识应用到岗位实习中去，但缺乏自己的见解；大体可以完成实习单位的工作和学校布置的实习报告，质量较差；实习报告的观点正确，思路相对清晰，分析问题具有一定的条理性。

（5）不及格

分数在 60 分以下，学习态度不认真，没能遵守企业的员工管理制度和学校的实习管理规定，不能完成实习的任务和要求；在实习过程中存在弄虚作假的现象，或出现过较大的实习事故；没能完成实习单位的工作和学校布置的实习报告；实习报告的观点不明确，在进行问题分析的过程中缺乏清晰的思路，分析问题不具有条理性。

4. 顶岗实习总结处理阶段

将学生考核最终获取的结果作为主要依据，针对顶岗实习工作开展的整体质量进行相应的分析和探讨，此次开展的分析既可以针对学生个人，也可以针对班级集体。对于此次开展分析工作获得的成熟经验以及做法。例如，对于人才需求较为迫切的企业或者是能够和学校建立长期合作的企业等，可以将其应用到后续开展的顶岗实习过程中，而对于此次顶岗实习过程中出现的消极现象，例如，学生对顶岗实习表示不满，中途离职自行找寻新的实习单位等，需要在下一次开展的顶岗实习当中针对此类问题给予专门的改进以及调整。

此次开展的顶岗实习工作，将每个班级分为4个顶岗实习小组，2个小组为实验组、实验组采用方式按照PDCA的循环理论，将其充分落实到顶岗实习工作开展的整个过程当中，选择其余的两个小组作为参照组，其主要采用的是传统的顶岗实习方式开展实习工作做。在顶岗实习完成之后，通过学生的成绩系统来调出学生顶岗实习获取的成绩，针对各个班级的4个顶岗实习小组展开相应的对比，从这当中能够了解到，通过对此研究理论的应用所开展顶岗实习工作的学生的成绩要很大程度高于传统模式开展顶岗实习的学生，同时对于PDCA循环理论应用的顶岗实习小组的平均成绩相对要更高一些。和实验组的学生进行访谈之后，能够发现学生在本次开展的顶岗实习各方面都比较满意，同时顶岗实习的效果和从前相比获得了很大程度的提升，顶岗实习的质量有了一个飞跃性的提高。和企业展开座谈之后，企业认为通过对PDCA循环理论方法的应用，能够使得顶岗实习相关组织以及学生管理工作质量得到有效的提升。

参考文献

[1] 吴文艳. 高职院校学生顶岗实习期间的报酬问题研究 [D]. 济南：山东师范大学，2015.

[2] 赵清涛. 论当代中国法官职业道德建设 [D]. 长春：东北师范大学，2012.

[3] 钟佐彬，徐敬洁. 高职院校学生职业道德教育现状及对策研究 [J]. 内江科技，2010.

[4] 吕京. 师范生顶岗实习支教存在的问题及实现机制 [J]. 中国高教研究，2010，(6):90–91.

[5] 武奎. 天津市高职学生顶岗实习权益受侵现状调查及原因分析 [J]. 现代经济信息，2013.

[6] 温志红. 校企合作背景下高职院校学生职业道德教育研究 [D]. 南昌：江西师范大学，2018.

[7] 郑玲玲. 关于中职生顶岗实习实效性存在的问题及对策研究 [D]. 沈阳：沈阳师范大学，2014.

[8] 李辉. 加强高职院校大学生职业道德教育研究 [D]. 开封：河南大学，2017.

[9] 戴玉林. 物业管理人员职业道德建设初探 [D]. 上海：复旦大学，2008.

[10] 汪璞. 高职院校工学合作人才培养模式下学生思想政治教育困境研究综述 [J]. 河南教育(高教)，2016.

[11] 黄小玲. 试谈高职院校学生职业道德教育 [J]. 中国电力教育，2011.

[12] 郝秀芬，许秀文，黄金辉. 思想政治教育机制在顶岗实习中的应用研究 [J]. 河北师范大学学报（教育科学版），2011.

[13] 李宁. 高职院校顶岗实习管理体系的构建与创新——以广西机电职业学院为 [J]. 中国成人教育，2010.

[14] 梁军刚. 高职学生顶岗实习期间思想政治教育工作研究 [D]. 成都：西南石油大学，2014.

[15] 王冬晓. 论高校图书馆馆员的职业道德 [J]. 经济研究导刊，2011.

[16] 郭岚. 南昌市中职生顶岗实习存在的问题及其对策研究 [D]. 南昌：江西科技师范学院，2011.

[17] 任海燕."互联网+"立体化教材建设的研究 [D]. 沧州：泊头职业学院，2019.

[18] 闫慧芳. 基于分布式学习的师生角色关系研究 [D]. 重庆：西南大学，2017.

[19] 韩颖. 高职顶岗实习学生思想政治教育探析 [J]. 思想理论教育导刊，2011.

[20] 陈国清. 企业办高职院校学生思想政治状况调查及对策研究 [D]. 呼和浩特：内蒙古师范大学，2012.

[21] 袁丽，陈林."顶岗实习"教师培养的政策分析及其争议 [J]. 教师教育研究，2014，26(6):9.

[22] 黄友泉，谢美华. 全面质量管理：高职学生顶岗实习质量管理的新视角 [J]. 职教论坛，2013，(15):4.

[23] 凌成树，仇大勇. 高职生顶岗实习存在的问题和对策 [J]. 职教论坛，2013，(11):3.

[24] 李绍中，欧阳葵.高职学生顶岗实习教学质量监控体系研究[J].实验技术与管理，2014，31(1):4.

[25] 张智辉，韩志孝.基于现代学徒制的"校企合作，工学结合，顶岗实习"人才培养模式研究与实践[J].中国职业技术教育，2016，(22):3.

[26] 夏栋，谢淑润.高职学生顶岗实习存在的问题与对策[J].教育探索，2012，(5):2.

[27] 张仁，袁峰，孙冰竹.职业院校学生顶岗实习的探索与实践[J].科学与财富，2015，(2):1.

[28] 闫寒乙，曹磊.浅谈高职院校顶岗实习存在的问题及对策[J].中小企业管理与科技，2014，(15):1.

[29] 王万刚，胡先富，袁亮.高职院校学生顶岗实习质量监控体系存在的问题与对策[J].教育探索，2013，(10):2.

[30] 张雁平，成军.高职学生顶岗实习评价体系的研究和实践[J].中国职业技术教育，2008，(15):3.

[31] 李军雄，曾良骥，黄玲青.地方高职院校学生顶岗实习中存在的问题与对策[J].教育与职业，2010，(3):3.

[32] 万平.提高高职顶岗实习质量的策略[J].洛阳工业高等专科学校学报，2006.

[33] 王金岗，李玉香.高职顶岗实习有效教学评价的研究与实践[J].职业技术教育，2010，(23):4.

[34] 徐丽香，黎旺星.高职院校学生顶岗实习中存在的问题及对策[J].职业技术教育，2008，(23):2.

[35] 张翠明.高职教师顶岗实习存在的问题及其对策[J].职教论坛，2012，(8):3.

[36] 秦传江，胡德声，兰成琼. 高职学生顶岗实习教学环节的管理与实践 [J]. 教育与职业，2009，(24):37-39.

[37] 王秀静，冯美宇. 分散型顶岗实习信息化管理模式研究——基于"双主体、三层次、多元化"的管理平台设计 [J]. 教育理论与实践，2014.

[38] 卢飞跃，渠川钰. 高职学生校外顶岗实习的探索与实践 [J]. 职业技术教育，2008，(17):2.

[39] 吴君，陈开考，谈黎虹，等. 高职顶岗实习过程管理有效机制研究 [J]. 职业技术教育，2012，(2):3.

[40] 钟忻. 职业院校学生顶岗实习的探索与实践 [J]. 中国职业技术教育，2007，(9):2.

[41] 高树凤. 高职院校学生顶岗实习的研究 [J]. 天津职业院校联合学报，2008，10(3):3.

[42] 蔡勤生. 高职院校推进顶岗实习教学模式的问题与对策 [J]. 职业教育研究，2008，(6):2.

[43] 张守平，沈小玲. 高职学生顶岗实习存在的问题及对策研究 [J]. 科技视界，2011，(25):3.

[44] 韩颖. 高职顶岗实习学生思想政治教育探析 [J]. 思想理论教育导刊，2011，(5):4.

[45] 李存，林淑玲. 高职教育顶岗实习管理探索与实践 [J]. 职教论坛，2012，(8):3.

[46] 周鹏鹏，蒋涛. 高职学生顶岗实习管理模式探析 [J]. 中国成人教育，2014，(3):3.

[47] 段小斌. 高职院校学生顶岗实习存在的问题及对策研究 [J]. 教育与职业，2013，(15):2.